THÈSE

POUR LE DOCTORAT

PAR

LÉON VINGTAIN,

AVOCAT A LA COUR D'APPEL DE PARIS.

—⟡——

PARIS.

VINCHON, IMPRIMEUR DE LA FACULTÉ DE DROIT,

RUE J.-J. ROUSSEAU, Nᵒ 8.

1852.

THÈSE
POUR LE DOCTORAT.

L'acte public sur les matières ci-après sera soutenu,
le jeudi 13 mai 1852, à midi,

Par Léon VINGTAIN,

Avocat à la Cour d'appel de Paris.

Président : M. PELLAT, Professeur.

SUFFRAGANTS ,
{ MM. DEMANTE,
PERREYVE,
VUATRIN, } Professeurs.
ROUSTAIN, } Suppléant.

*Le Candidat répondra en outre aux questions qui lui seront
faites sur les autres matières de l'enseignement.*

PARIS,

VINCHON, FILS ET SUCCESSEUR DE Mme Ve BALLARD,
IMPRIMEUR DE LA FACULTÉ DE DROIT,
rue J.-J. Rousseau, 8.

1852.

ÉTUDES

sur

LA LÉGISLATION DES EAUX.

⸺⸺⸻

SOMMAIRE.

ÉTUDES

SUR

LA LÉGISLATION DES EAUX.

PRÉLIMINAIRES.

DES EAUX EN GÉNÉRAL.

1. L'eau est une des choses de première nécessité pour l'homme ; elle lui fournit une boisson indispensable, en même temps qu'elle est employée à ses usages domestiques ; elle renferme dans son sein une partie des êtres destinés à sa nourriture ; elle est, selon l'expression de Pascal, un chemin qui marche, c'est-à-dire un moyen naturel ou factice de locomotion ; l'industrie moderne, en créant des obstacles à son cours, a su la forcer à mouvoir ces machines que l'antiquité mettait en mouvement par la main de ses esclaves ; principe de production, enfin, elle répand à travers les contrées qu'elle parcourt la fertilité et l'abondance.

2. Le législateur, dans les différentes dispositions qu'il a prises au sujet des eaux, a dû les considérer sous ces différents aspects ; il a dû les diviser d'après leur utilité et leurs avantages ; nous ne saurions mieux faire que de suivre la route qu'il nous a tracée, en envisageant les eaux, tantôt

comme élément, comme chose commune, tantôt comme faisant partie du domaine public, tantôt, enfin, comme abandonnées à la propriété privée.

LIVRE PREMIER.

DES EAUX CONSIDÉRÉES COMME CHOSE COMMUNE.

CHAPITRE Ier.

DES EAUX CONSIDÉRÉES COMME ÉLÉMENT.

3. Nous n'avons rien à dire des eaux courantes prises comme élément ; nécessaires à la vie, il semble que la nature elle-même les ait destinées par leur renouvellement inépuisable à rester éternellement dans la communauté primitive. Toutes les législations sont ici d'accord ; mais il n'en est pas de même pour le principe et le terme de leur fluctuation continuelle, pour la mer, qui fixera d'abord notre attention (1).

CHAPITRE II.

DE LA MER.

SECTION PREMIÈRE.

Propriété.

4. Le droit de propriété s'est établi dans le monde par l'occupation, c'est-à-dire par ce fait

---

(1) M. Proudhon, domaine public, 701.

de l'homme, au moyen duquel il a appliqué à ses besoins ou à ses plaisirs les choses que le créateur a destinées à la satisfaction des uns et des autres. S'il en faut croire des traditions antiques, dans le premier âge du monde, l'usage de ces biens appartenait au genre humain tout entier, et personne ne les avait en propre ; mais bientôt le nombre des hommes augmentant, ils devinrent d'autant plus précieux qu'ils ne pouvaient plus être l'apanage que de quelques-uns ; alors l'occupation passagère et banale de tous fit place à la jouissance permanente et exclusive d'un seul, et le droit de propriété prit naissance (1).

5. En même temps les états commencèrent à se former, et de même que l'occupation d'un champ par un particulier avait fondé la propriété privée, de même l'occupation d'un territoire par un peuple fonda la propriété nationale (2).

6. Identiques quant à leur principe , l'occupation ; différentes dans l'application de ce principe même, ces deux sortes de propriétés ont des caractères divers ; tandis que l'occupation des particuliers suppose une appréhension, un contact matériel avec la chose, au moins dans l'origine, tandis que leur propriété se manifeste par une absorption complète et exclusive des fruits, l'occupation des peuples consiste surtout dans ces

---

(1) Grotius, de mare libero, chap. 5.
(2) Idem   ibidem   chap. 5.

moyens de défense qu'une nation oppose à l'invasion étrangère et emploie pour se protéger ;
qu'elle réserve les produits pour les nationaux,
ou qu'elle permette à d'autres d'être propriétaires
d'une fraction de son territoire, peu importe.

7. Mais le droit des particuliers et des peuples
a cependant cela de commun, que la Providence
l'a renfermé dans des limites également infranchis-
sables pour tous. En rapport avec nos besoins,
elle a créé des biens sans cesse épuisés et renais-
sant sans cesse ; elle les a répandus avec tant de
profusion que chacun peut en jouir sans nuire
à l'usage de tous; elle les a faits si immenses que
personne, ni particulier, ni peuple, ne peut les
occuper dans leur entier. Ainsi est l'air, ainsi est
la mer considérée dans son ensemble; pour cette
dernière, les poètes (1), les jurisconsultes (2) de
l'antiquité avaient déjà reconnu cette vérité, quand
un auteur célèbre vint en donner une preuve
plus complète dans un ouvrage spécial. Au commencement du xviie siècle, les Portugais prétendaient à un droit exclusif de navigation sur les
mers qu'ils avaient découvertes, et cela à titre
de propriétaires; les Hollandais s'en montraient
jaloux, et Grotius, plaidant d'ailleurs une cause
nationale, se trouva amené, par son sujet même, à

---

(1) Ovide, Métam., livre 6; Virgile, Enéide, livre 7.

(2) Institutes, livre 2, titre 1er, § 2; loi 4, ff., de rerum
divisione; loi 13, § 7, ff., de injuriis; loi 9, ff., ad legem Rho-
diam.

traiter de la propriété de la mer. Son livre rencontra bientôt un contradicteur digne de lui; c'était alors l'époque où l'Angleterre commençait à élever de sérieuses prétentions à la domination des mers. Un de ses hommes d'État, Seldenns, combattit les principes de l'auteur hollandais. Analysons cette discussion célèbre.

8. On fait en général plusieurs objections, dit Seldenns, à la propriété qu'une nation peut avoir sur la mer : la première est tirée de la liberté de la navigation; elle s'oppose, dit-on, à une propriété exclusive; la seconde, de la fluctuation continuelle des eaux de la mer; comment établir un droit de propriété sur une chose qui n'est jamais elle-même? la troisième, de l'impossibilité de diviser la mer, trop grande pour être occupée dans son entier; la quatrième, enfin, consiste dans l'opinion des jurisconsultes dont les textes sont invoqués (1). Puis l'auteur expose la théorie de ses adversaires, définit la mer, divise le droit d'après un système qui préside à tout son ouvrage (2), et donne enfin comme base de toute propriété, ou bien une distribution primitive faite entre les premiers hommes par leur auteur commun, ou bien un contrat postérieur, contrat exprès ou tacite, et résultant, dans ce dernier cas, de l'occupation d'un seul reconnue et approuvée par

(1) Seldenns, Mare clausum, chap. 2.
(2) Seldenns, Mare clausum, chap. 3.

tous (1). S'attachant à cette dernière idée, et voulant prouver que la propriété exclusive d'un peuple sur les mers est possible, il parcourt toutes les époques de l'histoire, depuis les siècles fabuleux jusqu'aux temps modernes; il cite un grand nombre de peuples qui ont élevé des prétentions à la domination des mers; il rappelle les traités par lesquels ils interdisaient à d'autres la navigation de certaines eaux, les tributs qui leur étaient payés dans divers parages, enfin le proconsulat des mers donné par Rome à un de ses citoyens. Il va plus loin : il remet en mémoire ces Romains, dont les richesses égalaient le luxe; ces Lucullus et ces Apollinaire qui construisaient leur palais au milieu des eaux, sur des îles faites de mains d'hommes (2), ou qui renfermaient une partie des mers dans les bras d'une levée immense, de peur que les tempêtes ne privassent leurs tables de poissons exquis (3). Si l'histoire, continue-t-il, est favorable à notre système, les objections de nos adversaires ne sauraient le détruire. La navigation des mers doit être libre, sans doute, mais comme le passage que toute nation doit à toute autre sur son territoire (4). La fluctuation continuelle des eaux de la mer, qui l'empêche d'être

---

(1) Seldenns, Mare clausum, chap. 5.
(2) Salluste, In conjurat. Catilin.
(3) Martial, livre 10, epig. 30.
(4) Seldenns, Mare clausum, chap. 10.

jamais elle-même , ne peut-elle s'assimiler à celle des fleuves , qui certainement appartiennent aux peuples dont ils traversent le territoire (1)? L'objection tirée de l'impossibilité de diviser la mer n'est pas plus sérieuse. L'astronomie ne nous donne-t-elle pas les moyens d'opérer cette division (2)? Les textes, enfin, que l'on invoque contre nous sont combattus par des textes contraires (3); et dès lors ne doit-on pas décider qu'un contrat tacite, consistant dans l'occupation des mers par un peuple ou par un particulier, occupation approuvée et reconnue par tous, et à laquelle ne se refuse ni la raison ni le droit, est intervenu à toutes les époques de l'histoire; et qu'ainsi la mer est susceptible de devenir, suivant l'occupant, la propriété d'une nation et même celle d'un particulier (4)?

9. Grotius avait, par avance, réfuté tout ce système. Combattons-le avec lui, et commençons par les arguments historiques. Les nations qui se sont vantées d'avoir la domination des mers, l'ont interprété en ce sens qu'elles avaient sur elles un droit de protection et de juridiction, ce qu'il faut distinguer de la propriété. Un peuple peut en effet, se mettant à la place de tous, punir les pi-

---

(1) Seldenns, Mare clausum, chap. 21.
(2) Seldenns, Mare clausum, chap. 22.
(3) Loi 14, ff., de injuriis; loi 13, § 7, eod.
(4) Seldenns, Mare clausum, chap. 26.

rates dont il s'est emparé (1); bien plus, il est possible qu'une nation acquière, vis-à-vis d'une autre, un droit exclusif à la navigation, à la pêche de certains parages. C'est là une obligation, une relation purement personnelle, relative aux deux contractants, étrangère à tout droit réel, et sans influence quant à la question de propriété. C'est du moment qu'un peuple veut interdire à tous les autres la navigation ou la pêche des mers, ou de certaines mers, qu'il élève sa prétention à la généralité d'un droit réel; c'est alors qu'il fait appel à la force; aussi dirons-nous avec un auteur moderne : « Il n'y a donc rien de plus absurde que les « prétentions d'une nation qui veut que le sceptre « des mers lui appartienne, parce qu'elle a un « plus grand nombre de vaisseaux pour y faire la « guerre à ceux des autres peuples ; c'est comme « si celui qui est le plus fort pouvait se dire « propriétaire d'une route publique, par la rai- « son qu'il s'y place pour détrousser les pas- « sants (2). »

Les arguments de raison invoqués par nos adversaires ne sont pas plus forts que leurs arguments historiques ; et, d'abord, il est au moins douteux qu'un peuple soit obligé de donner passage à un autre sur son territoire (3); ensuite, l'assimilation de la mer et des fleuves

---

(1) Grotius, Mare liberum, chap. 5.
(2) M. Proudhon, Domaine public, chap. 36.
(3) Molina, de justitia et jure, tract. 2, disputatio 105.

quant à la fluctuation commune de leurs eaux,
ne saurait être faite avec justesse ; car, pour ces
derniers, l'occupation sur la totalité de la chose
au moyen de ponts, de barrages, d'ouvrages militaires, est très possible, tandis qu'elle est impossible sur la première ; quant à la délimitation,
elle ne sert que comme preuve de prise de
possession ; elle ne saurait remplir ce but si elle
est tout immatérielle. Les textes enfin que nous in-
voquons (1) sont concluants, tandis que le système contraire donne à ceux qu'il propose une
interprétation forcée. La mer est donc une chose
commune, et aujourd'hui que les vrais principes
ont triomphé, toutes les nations la considèrent
comme soumise à la surveillance de tous dans la
plus complète indivision (2).

10. N'exagérons rien cependant ; si la mer est
une chose commune, voyons les conséquences de
cette vérité : toutes les fois qu'un particulier ou
qu'un peuple s'est emparé des fragments d'une
chose commune, sur lesquels son occupation
s'exerce, la propriété privée ou nationale dure
tant que, l'occupation persistant, ces fragments
ne retournent pas à leur nature première (3). Ainsi, d'un côté, les constructions établies sur pilo-
tis dans la mer appartiennent, avec le terrain
qu'elles occupent, à celui qui les a élevées, et

---

(1) Voir plus haut.
(2) M. Royer-Collard, cours de droit des gens, 1851.
(3) Grotius, Mare liberum, chap. 5.

cela jusqu'à ce que le temps ou d'autres événe-
ments les aient détruites. D'un autre côté, les
principes sur l'occupation nationale permettant
d'étendre cette occupation jusqu'à la plus longue
portée des armes à feu, on a attribué à chaque
nation riveraine la portion de mer comprise entre
ce point et le rivage (1). Quant à la haute mer,
elle reste commune à tous. Par rapport aux
avantages qu'elle procure, on peut l'envisager
sous deux points de vue : tantôt comme offrant un
chemin aux navires vers les différentes parties du
monde, tantôt comme renfermant dans son sein
des êtres destinés à la satisfaction de nos besoins.
Il faut donc parler séparément de la navigation
et de la pêche.

SECTION II.

Navigation.

11. Un ancien considérait comme un des plus
grands bienfaits de la nature, d'avoir donné aux
différentes nations un moyen pour se rapprocher
les unes des autres à l'aide du souffle des vents,
en même temps qu'elle dispersait toutes ses productions en tant de pays divers, pour forcer les
hommes à commercer entre eux (2). En effet, tous
les peuples célèbres se sont livrés avec ardeur au
commerce maritime et y ont trouvé une cause de
prospérité et de grandeur.

---

(1) M. Proudhon, Domaine public, 702.
(2) Sénèque.

Le législateur français n'a pas méconnu cette source de richesses, et il a protégé, autant qu'il était en lui, les expéditions maritimes ; il les a divisées en plusieurs catégories ; — il a distingué d'abord ces courses lointaines dans lesquelles nos navigateurs vont échanger nos produits contre les denrées des pays les plus éloignés, il les a appelées voyages au long cours. — Puis, appliquant les règles que nous nous sommes efforcé de mettre plus haut en lumière, il a supposé que la navigation d'un port français à un autre port français pouvait se faire sans sortir de cette mer territoriale dont les principes sur l'occupation nationale attribuaient à la France la propriété exclusive ; et, la réservant expressément aux nationaux, il l'a appelée petit cabotage ; — enfin, comme intermédiaire, il a placé entre eux le grand cabotage, navigation mitoyenne, qui, à la différence des expéditions au long cours, ne dépasse ni Gibraltar ni le Sund, mais s'étend plus loin que l'Escaut ou Bayonne sur l'Océan, que Malaga ou Naples sur la Méditerranée (1). Quoiqu'elles aient des caractères spéciaux, ces trois sortes d'expéditions ont beaucoup de règles communes ; nous n'en traiterons pas séparément, nous indiquerons seulement ce qui les distingue, soit que nous parlions des navires, ou des hommes de mer qui les montent, ou des marchandises qu'ils transportent.

12. *Des navires.* — Il était de la plus haute

____

(1) Code de commerce, art. 377.

importance d'assurer à la France des ouvriers habiles à confectionner ces utiles machines qui traversent les mers et réunissent les nations répandues sur les différents points du globe. Quand la paix permet au commerce de prendre tout son essor, les navires sont un moyen d'exporter nos productions et de les échanger contre celles du monde entier. Quand la guerre éclate, eux seuls peuvent protéger nos côtes ou aller inquiéter celles de nos ennemis; et, dans ce dernier cas, à défaut d'une industrie nationale, la France se verrait à la merci du peuple dont elle serait forcée d'acheter les vaisseaux. Ces considérations ont puissamment influé sur l'esprit du législateur, lorsqu'il traçait les règles sur la construction des navires; elles sont encore importantes sous plusieurs autres rapports; leur accomplissement est, pour le gouvernement, un moyen de connaître exactement les forces de la marine marchande, en même temps qu'il facilite la police des mers. Mais c'est surtout pour encourager l'industrie nationale que nos anciens rois donnèrent aux ouvriers constructeurs une organisation analogue à celle que nous examinerons plus loin pour les marins eux-mêmes; qu'ils établirent un droit de préférence en faveur des bâtiments français, ce qui fut imité par les autres peuples (1). Plus tard, ces mesures tombèrent en désuétude, et la liberté

---

(1) Décision de Louis XII, 1504; Charles IX, 8 fév. 1555; ord. de 1629, art. 442.

du commerce maritime régnait de la manière la plus complète, quand Cromwell publia le célèbre acte de navigation (1), qui, réservant tous les ports de l'Angleterre au commerce national, ne les laissait ouverts qu'aux étrangers arrivant en droite ligne des pays producteurs. La France ne répondit que trop faiblement à cette exclusion (2), et après plusieurs actes législatifs (3) successifs, la Convention, par une juste mesure de rétorsion, introduisit chez nous un système identique à celui de l'Angleterre (4). Après ce coup d'œil en arrière, voyons aujourd'hui comment est organisée la protection des nationaux.

13. Indépendamment des marchandises qu'il contient, le navire, par lui-même, est obligé d'acquitter une foule de droits dont l'ensemble est connu sous le nom de taxe de navigation (5); en France, la première de ces taxes est appelée droit de tonnage; elle est perçue à l'entrée de chaque port, et est calculée sur la contenance du navire, base à laquelle elle doit son nom. Elle ne frappe les bâtiments français que dans certaines circonstances (6); le cabotage en est exempt (7), et il y a une

----

(1) 9 octobre 1651.
(2) 20 juin 1653.
(3) 24 octobre 1681; 6 septembre 1710; 1er mars 1716; 18 janvier 1717; 13 mai 1790.
(4) 21 septembre 1793.
(5) Loi du 27 vendémiaire an II.
(6) Loi du 27 vendémiaire an II, art. 30 et 32.
(7) Loi du 3 juillet 1838, art. 5.

tendance visible à en affranchir toute la navigation française. Pour les étrangers, une mesure de
réciprocité la fait maintenir. A ce droit de tonnage il faut ajouter une contribution, dont le produit est spécialement affecté à l'entretien des
ports (1); elle est de la moitié du droit précé-
dent, et perçue de la même manière et sur les
mêmes vaisseaux que lui. Joignant à ces deux
taxes l'impôt connu sous le nom de frais d'expédition, d'entrée et de sortie des ports (2), et celui
sur la délivrance des acquits, permis et certificats nécessaires (3), impôts qui sont réduits en
faveur des nationaux, nous aurons tous les droits
de ce genre.

14. En raison des exemptions accordées à la
nationalité du navire, on comprend combien il
est important pour le propriétaire du bâtiment,
de l'acquérir et de la conserver; pour cela, le
vaisseau doit remplir trois conditions. Sa construction doit être française (4); à cette règle, il
n'y a que deux exceptions, l'une en faveur du
corsaire qui a fait une prise déclarée bonne (5),
l'autre pour le vaisseau qui, jeté sur nos côtes,
ne peut plus tenir la mer qu'à la condition de réparations considérables dont la dépense équivaut

----

(1) Loi du 14 floréal an X.
(2) Loi du 27 vendémiaire an II, art. 35.
(3) Loi du 27 vendémiaire an II, art. 37.
(4) Loi du 13 mai 1791; acte du 21 septembre 1793.
(5) Acte du 21 septembre 1793.

presque au prix d'une construction neuve (1). Sous peine de perte de la nationalité, certaines réparations doivent être faites dans un port français (2). La propriété exclusive par des nationaux est aussi nécessaire ; certains crimes les rendent incapables de cette propriété (3) ; il y a des peines contre les nationaux qui prêteraient leurs noms aux étrangers, et contre les agents de l'administration qui, le sachant, resteraient dans l'inaction (4). Enfin la composition de l'équipage doit être en grande partie française ; on ne tolère qu'un tiers de matelots étrangers (5).

15. Chaque navire doit avoir un nom, et sous ce nom être immatriculé par la douane et l'inscription maritime à un port d'attache. Ce port est pour le vaisseau ce que le quartier maritime est pour l'homme de mer ; en outre, pour la perception des droits proportionnels que les bâtiments français paient encore, et qui ont pour base leur contenance, l'administration des douanes procède à l'opération du jaugeage (6) ; c'est elle encore qui, après que le propriétaire a affirmé sous serment sa propriété, et rempli plusieurs

---

(1) Loi du 27 vendémiaire an II.
(2) Loi du 27 vendémiaire an II, art. 8.
(3) Ordonnance du 16 janvier 1823.
(4) Décret du 18 octobre 1793, art. 15.
(5) Décret du 21 septembre 1793, art. 2.
(6) Loi du 5 juillet 1836.

autres formalités (1), délivre l'acte de francisation (2). Il est, avec l'acte de propriété consistant
dans le certificat du constructeur ou dans l'acte
d'achat, une pièce de bord. Enfin, on inscrit sur
le navire le nom sous lequel il est immatriculé (3);
cette dernière condition remplie, le vaisseau
pourra naviguer sous pavillon français, et jouir
de toutes les exemptions dont nous avons déjà
parlé. La douane, au moyen de registres qui sui-
vent le mouvement de la navigation, connaîtra
désormais toutes ses démarches.

16. *Des gens de mer.*—La profession de marin
exige une habitude qui ne peut se contracter que
par une longue navigation commencée dès l'en-
fance; aussi le mode de recrutement de la flotte
ne peut-il être le même que celui de l'armée de
terre; et cette nécessité d'avoir, pour la marine
militaire, des hommes exercés aux manœuvres
du bâtiment, a dû influer sur la situation même
des marins qui se destinent au commerce. Pour
la composition des équipages de la marine royale,
nos côtes étaient autrefois soumises, comme le
sont encore aujourd'hui celles de l'Angleterre, à
l'odieux système des presses. Colbert introduisit
en cette partie de l'administration une innovation
heureuse, par l'ordonnance de 1665; sa pen-

----

(1) 21 septembre 1793.
(2) Loi du 27 vendémiaire an II.
(3) Loi du 27 vendémiaire an II.

sée, développée par plusieurs actes subsé-
quents (1), et surtout par l'ordonnance de 1784, a
été réalisée par la belle institution qui a pris le
nom d'inscription maritime, et qui existe encore
de nos jours.

17. Le littoral de la France est divisé, par rapport à ce service, en arrondissements, sous-
arrondissements, quartiers (2), sous-quartiers et
syndicats (3). Différents fonctionnaires, préfet maritime, officier supérieur d'administration, commissaire, commis principal, syndic, forment une
administration spéciale, correspondante à cette
division territoriale.

C'est le préfet maritime qui, à la tête de l'arrondissement, détermine le contingent annuel quant
à son chiffre numérique et quant à l'époque de
la levée ; c'est le commissaire d'administration
qui tient les registres et matricules sur lesquels il
doit inscrire :

1° Les marins de tout grade, de toute profession,
servant dans la marine militaire ou dans la marine marchande;

2° Tous les pêcheurs de mer, de côtes ou de
rivières, ces derniers seulement dans le cas où ils
descendent jusqu'où remonte la marée;

---

(1) Ord. de 1668 ; édit de 1673.
(2) Ord. du 3 janvier 1835.
(3) Loi du 21 ventôse an IV.

3° Enfin ceux qui montent différentes embarcations dans les limites indiquées (1).

Le commissaire répartit en outre les hommes à lever entre les différents syndicats, et c'est le syndic qui doit dresser la liste nominative, mais rien n'est laissé à son arbitraire; en effet, la loi range les marins en quatre classes :

Les célibataires,

Les hommes veufs sans enfants,

Les hommes mariés sans enfants,

Les pères de famille (2).

Ce n'est qu'après l'épuisement de la première classe que l'on passe à la seconde, et ainsi de suite. Dans chaque classe le tour de service est déterminé par le temps plus ou moins éloigné du retour dans le quartier (3).

Remarquons en outre, qu'il était juste et utile de faire profiter la marine militaire du savoir et de l'expérience que certains marins ont acquis au service de la marine marchande, et de les affranchir des travaux matériels de l'équipage. Aussi un grade est-il assuré à certains officiers du commerce, quand ils sont appelés par l'inscription maritime (4).

18. Malgré ces prescriptions équitables, la situation du marin est véritablement pénible; car

(1) Loi du 3 brumaire an IV, art. 2.
(2) Ord. de 1784 ; loi de 1791.
(3) Ord. du 11 octobre 1836, art. 16 et 17.
(4) Ord. du 29 décembre 1836.

il est soumis, depuis 18 ans jusqu'à 50, à une charge qui entrave sa liberté (1). Il faut toujours, en effet, que l'administration sache où il est, pour le trouver si elle en a besoin; en conséquence, l'homme de mer ne peut sortir de son quartier qu'en remplissant certaines formalités, ni s'embarquer sans les accomplir. Se rendant compte de tout ce que cette situation a de rigoureux, et appréciant en même temps toute l'utilité de la marine, le législateur n'a agi en cette matière qu'avec une extrême prudence ; il a réservé un temps d'épreuve comme garantie de la vocation de l'homme de mer, qui peut toujours, en renonçant à sa profession, se soustraire aux charges de l'inscription maritime; il lui a accordé certaines exemptions, parmi lesquelles on doit mettre en première ligne celle du service militaire (2); on voit en outre que la même pensée qui institua l'inscription maritime a présidé aussi à la fondation de l'établissement éminemment protecteur des invalides de la marine (3).

Cette institution financière, qui est une dépendance du ministère de la marine (4), qui a une administration spéciale, dont le service est fait aux colonies par les payeurs généraux, et à l'étranger par les consuls, a pour but de soutenir les

---

(1) Loi du 3 brumaire an IV.
(2) Loi du 21 mars 1832, art. 14.
(3) Edit de mai 1709.
(4) Ord. du 22 mars 1816.

marins dans leur vieillesse, d'assurer l'existence de leurs veuves et enfants, de faciliter aux gens de mer les délégations de salaires qu'ils peuvent faire à leurs familles, et le transport des sommes d'argent.

L'établissement national des invalides de la marine se compose de trois caisses :

1° La caisse des prises, où sont déposés les produits des prises faites par les bâtiments de la marine militaire et le produit des ventes provisoires qui, en matière de course, peuvent être opérées avant le jugement de confiscation (1).

2° La caisse des gens de mer, qui perçoit et transporte sur tous les points du globe les sommes dues aux marins absents, qui paie les délégations faites par les marins embarqués, qui recherche les héritiers des marins décédés, etc. ; au bout de deux années de silence, ces deux caisses versent dans la caisse des invalides de la marine les valeurs qu'elles ont reçues (2).

3° La caisse des invalides de la marine enfin, qui, au moyen de retenues et de diverses autres recettes abandonnées par l'État, paie des soldes et des demi-soldes aux vieux marins, à leurs veuves, à leurs enfants ; le ministre peut, en outre, dans certaine mesure, accorder sur la caisse des gratifications modiques (3).

---

(1) Arrêté du 18 thermidor an III.
(2) Ord. du 31 octobre 1784.
(3) Ord. du 22 mars 1816.

Après avoir exposé les institutions qui concernent les gens de mer en général , examinons ce
que peuvent avoir de spécial leurs différentes
positions.

19. Le capitaine a dû, pour arriver à ce grade
qui lui permet de commander une expédition ,
prouver qu'il était capable de prendre la direction d'un navire et des hommes qui le montent ; il doit avoir un certain âge, ce qui répond de
la maturité de son esprit ; avoir navigué pendant
un certain laps de temps, ce qui répond de son expérience maritime (1) ; avoir subi un examen pratique suivi d'un examen de théorie, ce qui répond
de son savoir (2). Ces conditions remplies, le com-
mandement d'un vaisseau pour le long cours peut
lui être remis (les autres navigations peuvent ne
pas employer de capitaine), et alors la loi l'in-
vestit de pouvoirs considérables et exceptionnels.
Il devient en quelque sorte magistrat, officier de
l'état civil, notaire.

Comme magistrat : il faut distinguer entre les
infractions aux règles de discipline spéciales à la
navigation, et les crimes, délits et contraventions
de droit commun. Les premières sont toujours de
la compétence du capitaine ; pour les seconds, il
faut considérer où et par qui ils ont été commis ;

---

(1) Décret du 3 brumaire an IV ; arrêté du 11 thermidor an X;
ord. du 7 août 1825.

(2) Art. 23 et 24.

si c'est en rade, dans les ports, l'affaire est de la
compétence de la juridiction ordinaire ; si c'est
en mer, le capitaine fera l'instruction et en dépo-
sera les pièces, ainsi que l'inculpé, au premier port
où il touchera. Le fait de rebellion de la part d'un
passager pourra être puni d'une incarcération
préventive. Ces pouvoirs ne sont confiés qu'au
capitaine assisté de ses officiers majors, et sous le
contrôle de la justice à son retour (1).

Comme officier de l'état civil, le capitaine a,
pendant la navigation, les mêmes attributions que
nos maires, sauf qu'il ne peut procéder à la célé-
bration d'un mariage (2).

Comme notaire enfin, il peut recevoir, pendant
la traversée, des testaments dans la forme authen-
tique ; la loi prescrit avec soin le dépôt de ces actes
importants pour en assurer la conservation (3).

Mais si le législateur donne de grands pouvoirs
au capitaine, il lui impose aussi de grandes obligations , soit au départ , soit pendant le voyage,
soit à l'arrivée.

Au départ, et après qu'une visite de la douane
a constaté que le vaisseau peut tenir la mer (4),
un rôle d'équipage est remis au capitaine sur la
présentation de son titre ; cette pièce indispensable est prescrite dans l'intérêt de l'État , dans

---

(1) Beaussant, Code maritime, n°s 139, 140.
(2) Code civil, art. 59, 60, 61, 86, 87.
(3) Code civil, art. 988 à 998.
(4) Loi des 9 et 13 août 1791.

celui des relations commerciales, dans celui des équipages (1). En effet, contenant le nom de toutes les personnes qui montent le navire, ce rôle permet au commissaire de s'assurer que des marins appelés ou non inscrits ne prennent pas des engagements à bord, en même temps que l'inscription du nom des passagers est une mesure de police souvent utile. Il indique si les règles sur le nombre des matelots étrangers et des mousses sont observées ; il constate les conventions de la marine marchande ; il détermine enfin le salaire des gens de mer et sert ainsi de base aux retenues de la caisse des invalides de la marine (2). L'oubli de cette pièce constitue dans certains pays un délit ; son absence est une présomption de piraterie.

Au rôle d'équipage le capitaine doit joindre toutes les autres pièces de bord, dont nous parlerons en traitant des marchandises ; il doit veiller à l'approvisionnement du vaisseau ; être muni, dans certaines circonstances, d'une patente de santé et toujours d'un congé. La patente de santé est un bulletin faisant connaître l'état sanitaire des lieux d'où vient le navire et son propre état à lui-même au départ. Elle est délivrée en France par les autorités sanitaires, à l'étranger par les consuls (3). Le congé est une permission sans laquelle aucun navire ne peut quitter un port

(1) Ord. de 1784.
(2) Ord. de 1784, titre 14.
(3) Ord. du 7 août 1822.

français; il est donné par la douane sur la re-présentation de toutes les autres pièces, et diffère d'après le tonnage des bâtiments : c'est la pièce définitive de départ (1).

L'intérêt des relations diplomatiques soumet encore les capitaines à l'obligation de prendre les lettres et paquets envoyés par le gouvernement aux consuls et ambassadeurs (2).

Pendant la navigation, le capitaine du commerce a des devoirs à remplir vis-à-vis de la marine militaire; il doit se rendre à bord du bâtiment de l'État qu'il trouve dans la rade, dans le port où il arrive, pour y faire la relation de son voyage. Les officiers de la marine militaire exercent une sorte de justice provisoire, ils prononcent entre les capitaines du commerce et leurs équipages et font des rapports au ministre sur la conduite des pre-miers; enfin, c'est un devoir pour les vaisseaux de l'État de protéger toute la navigation natio-nale; ils doivent, en cas de détresse, la secourir d'hommes et de vivres, et en échange ils peuvent, s'il y a nécessité absolue et sauf règlement posté-rieur, exiger d'elle les mêmes services (3).

Sous le rapport de l'embarquement (4) et du débarquement des hommes d'équipage et même

---

(1) Loi du 21 septembre 1793.
(2) Lettre ministérielle du 12 juillet 1816.
(3) Ord. de 1827, art. 100.
(4) Ord. de 1784, titre 14; ord. du 29 octobre 1833.

des passagers (1), les capitaines sont soumis à l'intervention des commissaires et des consuls. Ils remettent à ces autorités les procès-verbaux de désertion ; en outre, ces différents fonctionnaires veillent au rapatriement des Français sans ressources, et des marins ; des places leur sont réservées sur les bâtiments du commerce d'après un tarif préétabli (2). Les lois de douane imposent d'autres obligations aux capitaines pour la visite du bâtiment (3); enfin ils doivent prendre note de toutes les circonstances sanitaires ; certaines précautions seront observées en cas de maladies pestilentielles. La patente de santé doit être visée à chaque port de relâche (4).

A l'arrivée, le capitaine, selon qu'il a éprouvé des accidents, ou qu'il ne s'est rien passé d'extraordinaire pendant la traversée, doit faire un grand ou un petit rapport (5). Le rôle d'équipage est remis par lui au commissaire d'administration, qui s'enquiert des absents et reçoit avec les testaments, les actes de l'état civil, etc., les procès-verbaux constatant les délits commis pendant la navigation ; puis ce fonctionnaire dresse le rôle de désarmement ; l'acte de francisation, le congé, sont déposés au bureau des douanes (6); les pré-

---

(1) Ord. de 1784, art. 15.
(2) Ord. du 16 décembre 1837.
(3) Loi du 4 germinal an II.
(4) Ord. du 7 août 1822.
(5) Code de commerce, art. 242, 243, 244, 247, 248, 433.
(6) Arrêté du 27 vendémiaire an II.

cautions prescrites par les autorités sanitaires doivent en outre être observées. Le capitaine veille à ce qu'il n'y ait aucune communication avant l'admission à la libre pratique ; il établit son vaisseau dans le lieu qui lui est indiqué ; il se rend auprès des autorités sanitaires en arborant des marques de suspicion et leur procure tous les renseignements désirables (1). Les infractions à ces règles sont réprimées par une pénalité quelquefois peu en rapport avec nos mœurs actuelles.

Le capitaine trouve dans l'exercice de ses fonctions une grande facilité à commettre certains crimes particuliers : tels sont la piraterie et la traite des noirs, dont nous parlerons plus loin, et la baraterie, dont il faut dire quelques mots. Ce crime, qui consiste dans tout fait quelconque du capitaine ou des hommes de son équipage qui cause du dommage au navire ou à la cargaison, par fraude ou malice, peut être puni, suivant les circonstances dans lesquelles il se produit, de peines différentes, depuis la mort jusqu'à la réclusion (2).

20. Entre le capitaine et les gens d'équipage, se placent les officiers majors, autrefois nombreux, et qui se réduisent aujourd'hui au second, remplaçant le capitaine quand celui-ci vient à man-

---

(1) Ord. du 7 août 1822.
(2) Loi du 10 avril 1825.

quer, et au chirurgien. Puis vient la maistrance :
c'est l'ensemble de ces sous-officiers nécessaires
dans un navire, qui tirent leurs noms de leurs
différentes fonctions. Enfin, les gens d'équipage ;
parmi eux nous distinguerons le matelot ; il a
été mousse ou novice, il peut arriver à tous les
grades, sauf celui de capitaine, qui demande des
connaissances spéciales.

21. Le mousse est âgé de treize à quinze ans (1);
sans faire partie des classes, il est inscrit sur un
registre spécial et est soumis à la discipline du
bord ; plusieurs lois ont établi entre le nombre
des hommes d'équipage et celui des mousses,
une certaine proportion (2). Le mousse qui ne
passe pas matelot à quinze ans, et le marin qui
navigue pour la première fois après cet âge,
reçoivent la qualification de novice (3); les jeunes
gens de famille qui se destinent à devenir capitaines et voyagent pour acquérir de l'expérience
s'appellent pilotins (4).

22. L'engagement des matelots est un simple
contrat de louage, qui par conséquent ne peut
durer pendant toute la vie de celui qui engage ses
services (5). C'est une application des principes

---

(1) Décret du 3 brumaire an IV, art. 3.
(2) Règlement du 23 janvier 1727.
(3) Décret du 3 brumaire an IV, art. 3.
(4) Ord. du 27 février 1719 ; 6 février 1725.
(5) Code civil, art. 1780.

généraux que la nécessité fait cependant quelquefois fléchir. On ne peut, en effet, ici invoquer
la règle qui permet de dissoudre la convention
de faire par le paiement de dommages-intérêts;
l'existence du navire et de son équipage aurait
pu être compromise par l'abandon d'un ou de
plusieurs marins ; aussi le commissaire d'administration, ou le consul, doit-il intervenir pour autoriser un débarquement qu'une maladie, qu'une
infirmité seules peuvent légitimer (1). Il peut encore avoir lieu cependant dans le cas où le capitaine, changeant la direction de son voyage, modifie ainsi les conditions du contrat. La désertion
est punie de peines différentes, suivant les circonstances dans lesquelles elle se produit , soit
avant, soit après le départ; si elle a lieu pendant
le voyage, le matelot réfractaire encourt trois ans
de travaux forcés (2). A la différence des matelots,
le capitaine peut toujours rompre la convention,
sauf en toute circonstance, pour opérer le débarquement , l'intervention du commissaire d'administration ou du consul.

Une fois débarqués en pays étrangers, les marins français pourraient s'y habituer, ce qui serait
une cause de ruine pour notre marine commer-
ciale et militaire; en outre, il eût été inique
d'abandonner loin de la patrie des hommes de
mer qui veulent la revoir, et qui, d'après la navi-

---

(1) Arrêté du 5 brumaire an XII, art. 9.
(2) Ord. de 1784, art. 14 à 17.

gation à laquelle ils s'étaient associés, pouvaient à bon droit l'espérer. Aussi, d'après un tarif préétabli, le marin que son capitaine a débarqué, s'il n'y a aucune faute de sa part et s'il ne trouve aucun service de retour, a-t-il droit à la conduite ou rapatriement (1).

Les règles du droit civil ne sont pas seules modifiées en cette matière; il en est de même des principes du droit pénal; en effet, la nécessité a fait prononcer des peines rigoureuses contre le marin qui commet certains délits punis beaucoup moins sévèrement à terre. Ici l'on rencontre fréquemment la peine de mort; elle est prononcée dans les espèces suivantes : coulage de boisson et perte de pain, ce qui peut mettre en péril l'existence de l'équipage; voie d'eau faite au navire, ce qui peut entraîner le naufrage; excitation à la révolte; l'obéissance passive est la première loi du bord; enfin, le cas d'attaque du maître les armes à la main; il fallait protéger une vie sur laquelle tout repose (2).

23. En regard de cette sévérité nécessaire, nous devons faire connaître quelques dispositions où se trouve la pensée de protection qui a inspiré le législateur dans les lois qui concernent la marine. C'est ainsi que les dettes de cabaret de l'homme de mer ne donnent lieu à aucune action en jus-

---

(1) Code de commerce, 270.
(2) Ord. de 1681, titre 7.

tice (1); qu'il est défendu de lui faire des prêts (2) ; que ses gages ne sont saisissables que pour cer-- taines créances privilégiées ; que les délais de cassation sont prolongés pour lui ; rappelons aussi les avantages qu'il peut retirer de l'établissement des invalides de la marine.

24. *Des marchandises.* —La protection de l'agriculture et de l'industrie nationale a dû faire établir aux frontières des droits contre les productions étrangères, et des précautions pour lutter contre l'esprit de fraude. De là toutes les formalités prescrites en France pour le départ ou l'arrivée des marchandises ; de là encore la nécessité d'une administration spéciale, dont l'étude révèle tous les détails de cet important service. D'autres prohibitions, fondées sur des motifs non moins faciles à justifier, viennent s'y joindre ; il fallait, en effet, écarter du territoire des denrées infectées du germe de ces épidémies qui déciment les populations de certaines contrées ; un autre corps administratif a été chargé de veiller à l'exécution des mesures sanitaires, et méritera aussi notre attention.

25. *Des douanes.* — L'uniformité des droits de douanes a été établie en 1789, en remplacement d'une foule de taxes mal combinées qui existaient alors, non-seulement à la frontière de

---

(1) Ord. de 1584.
(2) Ord. de 1745.

France , mais encore à la limite de chaque province. Un nombre considérable de dispositions législatives est intervenu sur cette matière; mais examinons l'état actuel des choses.

Considérée comme procurant la régie, l'exploitation d'une branche d'impôt, l'administration des douanes est du ressort du ministère des finances, tandis que les mesures de prohibition, de franchise, d'élévation ou de diminution de droits rentrent dans les attributions du ministère de l'intérieur. Sous la surveillance du ministre, un directeur et quatre sous-directeurs, formant un conseil d'administration, font exécuter les lois sur les douanes (1). On distingue le service actif et le service sédentaire; le premier a une organisation militaire et comprend des fantassins, des cavaliers, des marins (2); il recherche et constate les infractions. Le second se compose de bureaux; il reçoit les déclarations, les vérifie, perçoit les droits, délivre les expéditions, constate les entrées et les sorties, et tient les livres. C'est seulement l'importation et l'exportation des marchandises qui sont soumises au contrôle des douanes ; aussi, n'existent-elles qu'à la frontière, dans une largeur de deux myriamètres (3), espace. appelé rayon de douane. En mer la même distance est réservée à leur ins-

---

(1) Ord. du 5 janvier 1831.
(2) Ord. du 4 septembre 1832.
(3) Loi du 10 brumaire an V.

pection ; les employés de l'administration ont droit d'y visiter toute espèce d'embarcation (1).

Indépendamment de certaines règles spéciales qui s'appliquent à quelques marchandises, il est des prescriptions générales qui , ressortant des besoins mêmes du commerce, combinés avec la protection due aux produits nationaux, doivent toujours être observées. Au départ , quels que soient du reste les objets dont est chargé le vaisseau, le capitaine doit avoir : 1° les connaissements et chartes-parties, qui ne sont autre chose que la lettre de voiture du navire ; ils indiquent la nature du chargement, les marques des colis, les noms du chargeur, du destinataire, du capitaine, du bâtiment, les conventions et le prix du transport (2) ; 2° les certificats de la douane ; on distingue le passavant, permis de laisser passer sans consignation préalable (3) ; l'acquit de paiement, qui constate que tous les droits sont payés ; l'acquit à caution, autorisation d'embarquer et de naviguer après consignation antérieure, avec indication du lieu de destination et de la durée du voyage (4) ; 3° enfin, le manifeste (5), pièce de bord indispensable, contenant le détail exact de la cargaison , constatant l'origine des mar-

---

(1) Loi du 4 germinal an II.
(2) Code de commerce, art. 226.
(3) Loi de 1791, 22 août.
(4) Loi de 1791, 22 août.
(5) Loi de 1791, 22 août.

chandises , pouvant être exigé par la douane dans l'espace soumis à son inspection, et devant être présenté à toute réquisition.

Soit à l'entrée, soit à la sortie , les droits sont perçus d'après des tarifs auxquels nous renvoyons; ils ont pour base, soit la valeur de l'objet imposé, soit son poids; dans le premier cas, le législateur, s'en remettant à la déclaration du négociant pour l'estimation des marchandises , a réservé à l'administration la faculté de les acheter, d'après cette estimation même, si elle la juge trop basse; c'est ce que l'on appelle la préemption. Dans le second, la loi veut que l'on déduise de la pesée totale le poids des contenants ; ce n'est que d'après ce nouveau calcul que la taxe est perçue. Cette opération se nomme la tare.

La situation géographique de certains pays oblige les marchandises à les traverser pour se rendre à leur destination , ou à s'y arrêter pour continuer plus tard leur route ; frappé des avantages qu'une nation retire du transport des marchandises à travers son territoire, le législateur (1) , en indiquant certaines précautions à prendre pour prévenir la fraude , a autorisé presque toutes les marchandises à jouir de cette faculté, qui a pris le nom de transit, en même

---

(1) Loi du 9 février 1832.

temps que l'Etat ou des particuliers dûment autorisés ont construit des entrepôts, vastes établissements où les marchandises sont déposées sans payer les droits d'entrée, et d'où elles sont exportées sans payer les droits de sortie. Ces entrepôts sont appelés réels quand ils sont placés dans un bâtiment public ; fictifs, quand les dépôts restent à domicile chez les redevables autorisés.

Outre ces règles générales, on comprend qu'il est des productions si précieuses sous différents points de vue, qu'une nation ne peut s'en priver sans un dommage considérable pour elle, d'où il suit que leur sortie doit être interdite. D'autres, au contraire, sont l'objet d'un commerce productif, et leur abondance permet de les exporter sans inconvénient. Enfin, certaines marchandises sont le fruit du travail national, qu'il convient d'étendre et d'agrandir, dans l'intérêt des industriels et des ouvriers ; des primes leur sont accordées quand elles vont se vendre sur des marchés étrangers, pour en encourager la fabrication. De là, quant à la sortie, la distinction des marchandises en :

Marchandises prohibées.

Marchandises exportées sans prime.

Marchandises exportées avec prime.

Les premières doivent rester en France, et toute tentative d'exportation est punie de confiscations et d'amendes différentes suivant l'objet lui-même (1). Les mêmes marchandises, de production étrangère, peuvent aujourd'hui, sauf quelques exceptions, jouir de la faculté de transit.

Notons de suite ici les conditions du transit des marchandises étrangères.

A leur entrée sur le sol français, déclaration en est faite à la douane, qui procède à la vérification et au plombage; puis elle délivre l'acquit à caution au moyen duquel ces marchandises peuvent voyager, sous condition de rapporter à telle époque un certificat de décharge; une caution assure, en cas de non-exécution de l'engagement, le paiement des droits; l'expéditeur s'oblige, par une consignation, à les faire sortir dans tel délai, par tel port, et à en justifier. Le transit s'opère aux risques et périls des soumissionnaires. Au port de sortie, la douane procède à la vérification des plombs et marchandises; s'il y a soustraction ou substitution, des peines sont prononcées; s'il y a identité, l'acquit à caution est déchargé; le manifeste sans lequel aucun navire ne peut mettre à la voile est visé par la douane et remis au capitaine. Ces marchandises peuvent jouir aussi de l'entrepôt; elles ne doivent cependant être déposées que dans un entrepôt réel, et suivant des règles particulières. Les navires qui les transpor-

____

(1) Loi du 4 germinal an II, titre 2, art. 10, et du 15 août 1793.

tent, enfin, doivent avoir un certain tonnage. Pour le cabotage, il y a des dispositions analogues ; un acquit à caution est délivré, une vérification et un plombage sont opérés, le manifeste est visé et remis au capitaine, s'il y a identité entre la déclaration du chargeur et la vérification de l'administration qui surveille la sortie (1).

Arrivons aux marchandises exportées sans prime : c'est la presque totalité des productions de la France. En principe elles ne doivent payer aucun droit, quelques-unes cependant sont soumises à des taxes; pour ces dernières, les expéditeurs doivent faire une déclaration que la douane vérifie; après qu'elle a tenu compte de la tare, perçu les droits, renoncé à la préemption, les marchandises sont immédiatement transportées, munies de leur acquit à caution, sur les bâtiments destinés à les recevoir; le chargement a lieu en plein jour en vertu d'une permission ou congé de la douane (2), qui délivre le manifeste; pour le cabotage, un passavant remplace l'acquit à caution.

Les marchandises exportées avec prime sont tantôt des productions purement nationales, tantôt des fabrications françaises dont les matières premières ont été frappées de droits à l'entrée (3). L'exportation ne donne lieu à aucune formalité

---

(1) Loi du 9 février 1832.
(2) Loi du 22 août 1791, titres 2 et 5.
(3) Entre autres, ord. des 3 juillet 1834, 3 février 1819 ; lois des 26 avril 1833, 16 décembre 1733.

spéciale, sauf toutefois l'indication de certains ports pour la sortie, la présentation d'un certificat du fabricant constatant l'origine, le rapport de la quittance des droits d'entrée payés par la matière première. Les primes sont liquidées à Paris par le conseil d'administration.

26. Pour l'importation, il convient aussi de distinguer les marchandises qui sont admises avec ou sans franchise, et celles dont l'importation est encouragée. Les premières sont frappées d'un droit de surtaxe quand leur importation a lieu sur des vaisseaux étrangers. La loi leur assigne certains ports d'entrée ; elle exige un tonnage déterminé des bâtiments qui les transportent ; elles doivent enfin être importées en colis d'un poids préfixé. A l'arrivée dans le rayon de douane, le capitaine remet aux employés son manifeste. Il fait son rapport de mer, qui contient la déclaration de sa cargaison ; le débarquement s'opère avec un permis sous la surveillance de l'administration ; il est suivi d'une vérification. Un système de confiscations et d'amendes est organisé en cas de déficit, d'excédant ou de différence ; on tient compte de la tare ; le droit de préemption peut s'exercer. Enfin des peines sont prononcées contre la fraude et la contrebande.

Des lois indiquent les marchandises favorisées à l'importation, nous en donnerons un exemple suffisant en parlant de la grande pêche (1).

____

(1) Voir plus *loin*.

Après ce rapide coup d'œil sur l'administration des douanes et le système de protection de la production et du travail national, doit venir l'exposition des mesures préventives ayant pour but d'empêcher les maladies contagieuses de faire invasion dans notre pays (1).

27. L'administration sanitaire relève en France du ministère de l'intérieur; elle se compose (2) : 1° d'intendances; 2° de commissions sanitaires qui sont placées sous l'inspection des premières, ou, s'il n'en existe pas, du préfet. Ces administrations collectives appliquent provisoirement à certains pays le système de précautions qu'elles jugent nécessaire (3). Elles déterminent celles que l'on prendra pour chaque navire; leurs membres remplissent en outre les fonctions d'officiers de police judiciaire dans l'intérieur des lazarets; celles d'officier de l'état civil (4) et de juge de simple police, sont confiées au président semainier. Des agents inférieurs exécutent les prescriptions de ces conseils, qui en cas de besoin peuvent faire appel à la force publique.

Toute cette matière repose sur ce principe, qu'il est certaines maladies que les marchan-

----

(1) Loi du 3 mars 1822.
(2) Ord. du 7 août 1822.
(3) Loi du 3 mars, art. 1er.
(4) Loi du 3 mars, art. 19.

dises et les gens d'équipages peuvent importer chez nous des contrées d'où ils sont partis, où ils ont touché; on conçoit, dès lors, que les mesures de précaution soient prises, en raison du danger de l'importation de certaines provenances, d'après le pays d'où elles arrivent. On divise les marchandises en deux classes, celles venant de contrées habituellement et actuellement saines, et celles venant de pays présumés infectés. La patente de santé fournit tous les renseignements nécessaires, en sorte qu'à l'arrivée, le bâtiment, d'après le lieu d'où il vient et la nature même de la cargaison, peut être admis à la libre pratique ou soumis à la séquestration. Dans le premier cas, après arraisonnements et visite, aucune précaution n'est plus prise. Sur l'Océan les bâtiments des douanes, ceux du petit cabotage et de la pêche, et sur la Méditerranée les premiers seulement, n'ont pas besoin de remplir ces formalités, ni d'avoir de patente de santé (1). Quand il s'agit de séquestration, on distingue parmi les pays qui sont ordinairement suspectés, ceux sur lesquels cette présomption d'infection actuelle ne pèse pas, ceux qui, sains par eux-mêmes, sont en communication avec des pays infectés; ceux enfin chez lesquels règnent ces maladies contagieuses dont on veut détourner le fléau. D'après l'état sanitaire de

---

(1) Ordonnance du 7 août 1822.

chaque contrée, des décrets déterminent les précautions à prendre, et appliquent à leurs provenances un régime particulier. Celles des contrées non suspectes sont soumises au régime de la patente nette, après une quarantaine d'observation, dont on peut les dispenser dans certains ports; les marchandises sont admises à la libre pratique. Le régime de la patente suspecte s'applique à celles des pays de la seconde classe; elles subissent une quarantaine plus longue, qui est de rigueur, et que nul ne peut lever. On réserve à la troisième catégorie la patente brute; la quarantaine de rigueur est ici encore allongée, et doit se faire dans des ports déterminés à l'avance. Il y a en outre des marchandises suspectes par leur nature, ou renfermées dans des contenants qui peuvent porter la contagion; des décrets statuent sur ces différentes situations. Enfin, à cause de leur importance pour tous, ces règles sont sanctionnées par des peines très graves; l'esprit de la loi se manifeste dans la gradation des peines, dont la sévérité croît en raison de la rigueur des précautions prises sous les différents régimes. On descend d'un degré, quand l'infraction aux règles de police sanitaire n'a produit aucun mal. En cette matière les circonstances atténuantes sont admises (1).

---

(1) Analyse de l'ord. du 7 août 1822.

28. *Corsaires.* — En terminant ce que nous avons à dire sur les expéditions maritimes, nous avons à retracer brièvement les mesures et les règles spéciales qui s'appliquent à trois navigations exceptionnelles. Les deux premières se produisent en temps de paix comme en temps de guerre, ce sont la traite des noirs et la piraterie; la troisième, dans ce dernier cas seulement, c'est la course; c'est par elle que nous commencerons.

Avec le progrès de la civilisation, les gouvernements ont cherché à atténuer pour leurs peuples les calamités qui résultent de leurs relations hostiles; ils ont considéré en général la guerre comme une relation d'État à État, ce qui leur a permis de soustraire aux droits du vainqueur la personne et la propriété du vaincu (1). Pourquoi ces principes d'humanité observés dans les guerres continentales souffrent-ils une exception funeste alors qu'il s'agit de guerres maritimes? L'intérêt des belligérants y a fait considérer les hommes composant l'équipage d'un navire qui se livre à un commerce pacifique, comme les soldats d'une armée ennemie, et les vaisseaux, quoique propriété privée, comme des instruments de guerre, dont eux-mêmes et les particuliers auxquels ils en avaient délégué le droit, pouvaient légitimement s'emparer. Tout ce que peut avoir de séduisant pour les caractères hardis et aventureux une carrière qui

---

(1) Portalis, disc. au conseil des prises, 14 floréal an **VIII.**

n'est qu'une suite de dangers et de combats, leur a fait facilement trouver des hommes assez audacieux pour répondre à leur appel, et solliciter même cette délégation du droit de guerre qu'on leur offrait; ils ont reçu le nom de corsaires.

Autrefois, pendant l'anarchie du moyen âge, chacun pensait pouvoir se faire justice à soi-même; aussi ces guerres privées avaient-elles lieu sans l'intervention de l'autorité publique; quand les prérogatives du pouvoir central ont été mieux définies et mieux appréciées, on reconnut que lui seul avait le droit de guerre. Il le délégua, par des lettres de représailles ou de marque, en temps de guerre contre ses ennemis, et même en temps de paix contre ceux dont ses nationaux avaient à se plaindre; mais en limitant toutefois l'action de ces armements, en proclamant en principe le respect des personnes et des propriétés neutres (1). Cette délégation du droit de guerre à un particulier reçut le nom de commission, et fut indispensable pour se livrer à ce genre de navigation qui fut appelé la *course*. Aujourd'hui, la course n'a plus lieu, sauf quelques exceptions insignifiantes (2), qu'en temps de guerre; elle est soumise, outre l'obtention de la commission, à plusieurs autres conditions; soit à l'armement, c'est ainsi que la majorité des mate-

---

(1) Massé, droit commercial, titre 1ᵉʳ.
(2) Les petites républiques de l'Amérique du Sud.

lots doit être française (1), et ne peut comprendre
qu'un huitième des marins inscrits; soit après l'expédition, en effet, un examen doit intervenir après
la prise consommée, pour en proclamer la légitimité; nous en parlerons plus loin.

29. *Traite des noirs.* — Après la découverte
de l'Amérique, les Espagnols se trouvèrent en
face d'une population à laquelle le manque de
forces physiques ne permettait pas de se livrer
aux rudes travaux de l'agriculture, sans y suc-
comber. Un homme, qui a attaché son nom à
l'histoire de l'Amérique par l'énergique persévérance qu'il a mise à soustraire ses enfants à l'avi-
dité de leurs vainqueurs, Barthélemy de Las Cazas,
pensa que pour sauver la race indienne d'une destruction à peu près certaine, en même temps que
pour convertir au christianisme les nègres infi-
dèles de la Guinée, on pourrait introduire ces
derniers, comme esclaves, dans les colonies espa-
gnoles. Ce projet, rejeté par le cardinal Ximenès,
fut repris par Charles-Quint, qui le premier donna
à un de ses courtisans (1517) le droit d'introduire
des noirs dans ses possessions transatlantiques.
Plus tard une compagnie génoise acquit le monopole de ce commerce funeste, que bientôt tous les
gouvernements européens encouragèrent à l'envi,

---

(1) Ord. de 1681 ; loi du 10 avril 1825 ; arrêté du 2 prairial
an **XI**.

à cause des sommes considérables qui leur étaient payées par les négriers. En Angleterre, Elisabeth, en France, Louis XIII, accordèrent des primes à ces spéculations odieuses ; elles furent supprimées par l'assemblée constituante (1). Abolie par la Convention (2), rétablie sous l'Empire (3), la traite des noirs suivit en France toutes les oscillations de la période révolutionnaire ; elle devint, à la chute de Napoléon, et fut, depuis cette époque, une question internationale et diplomatique. Déjà le Danemark l'avait supprimée à partir de 1804, lorsqu'à la suite de discussions célèbres l'Angleterre finit par la proscrire. Inspiré par Klarcson, soutenu par William Pitt, emporté par Fox malgré les réclamations de Liverpool et de Manchester, le bill d'abolition fut définitivement adopté le 7 février 1807 ; l'esclavage lui-même fut aboli par des mesures postérieures. Dès lors l'Angleterre n'eut plus de colonies à esclaves noirs ; craignant alors pour son industrie la concurrence que le travail esclave pourrait lui faire, elle demanda l'abolition de la traite et de l'esclavage aux peuples chez lesquels l'application des nobles idées l'emporte souvent sur leurs intérêts. Louis XVIII eut à lutter contre des sollicitations directes (4), et maintint la traite, en la

____

(1) 11 août 1789.
(2) Loi du 19 septembre 1793.
(3) Loi du 3 floréal an X.
(4) Lettres du prince régent d'Angleterre.

restreignant toutefois; au congrès de Vienne il s'opposa aux projets de l'Angleterre, qui demandait un traité général sur la matière et le droit de visite réciproque. En 1815 la déclaration du 5 février (1), tout en protestant des sentiments généreux des puissances, laissa chaque nation maîtresse en cette matière. Au congrès de Vérone, le gouvernement Britannique renouvela, sans aucun succès, ses propositions (2). Mais depuis 1830 plusieurs traités intervinrent, entre autres celui du 22 mars 1833, qui admit la réciprocité de la visite, l'établissement d'un nombre déterminé de croiseurs commissionnés, la nécessité, en cas de capture, de faire juger la validité de la prise du négrier par son tribunal national. Plusieurs nations adhérèrent à ces conventions; le 3 décembre 1839, des lettres apostoliques vinrent interdire le commerce des nègres. En 1843, une opposition formidable s'éleva dans le parlement français contre la prorogation des conditions jusque-là admises; un traité nouveau eut lieu en 1845; il n'y fut plus question du droit de visite; un système de surveillance fut établi à l'aide de forces navales; le droit de vérifier le pavillon fut seul maintenu.

30. *Des pirates.* — Sur mer, comme sur le continent, il est des gens sans aveu qui demandent à

---

(1) Sainte Alliance.
(2) Cours de M. Royer-Collard, 1850-1851.

la spoliation et à l'audace les richesses qui ne doivent être le fruit que du travail (1). Ils ont reçu la qualification de *pirates;* de tout temps, et à cause de leur profession même, ils ont été considérés comme ne faisant pas partie de la société des nations civilisées; aussi ne peuvent-ils invoquer les droits protecteurs en dehors desquels ils se sont placés; en sorte que, quelle que soit la nationalité des individus qui se livrent à la piraterie , chaque peuple a le droit de leur courir sus, de les prendre, de les juger suivant ses lois.

31. *Des prises.* — Soit que les gouvernements déléguassent le droit de guerre à des particuliers, soit qu'ils donnassent des encouragements à ceux qui s'emparent des pirates ou des négriers , les prises ont toujours été soumises, quant à leur validité, à un examen contentieux. En France, — les tribunaux de l'Amirauté avec appel au parlement ou à la Table de marbre; — l'amiral seul sur une instruction faite par les premiers; — le conseil des prises établi en 1659, avec recours au conseil du Roi; — sous la Révolution, les tribunaux de commerce avec les tribunaux de département pour second degré de juridiction (2) ; — sous l'Empire, les officiers de l'administration et

---

(1) Valin, art. 3, tit. 9, liv. 3.
(2) Lois du 4 brumaire et du 8 floréal an IV.

les consuls, sauf appel au conseil des prises (1) ;
— aujourd'hui et depuis 1815 (25 août), la section
du contentieux au conseil d'État, — ont été suc-
cessivement chargés de l'examen de ces questions
difficiles.

Il faut reconnaître que le droit maritime en
matière de prise blesse les principes du droit et
de la raison en ce qui concerne la propriété privée. Déjà, il est vrai, on a soustrait à la rigueur
des lois maritimes, en cette matière, les pêcheurs
de côte ; Louis XIV stipula pour eux des trèves
pêcheresses (2) ; Louis XVI posa, en ce qui les concerne, la base d'une législation qui paraît devoir
devenir le code de toutes les nations (3) ; les
progrès de la civilisation ne devraient–ils pas
restreindre encore les désastreux effets de la
guerre ? ne devraient-ils pas , au moins , en
affranchir les neutres, quelles que soient les marchandises qu'ils transportent, quels que soient les
vaisseaux qui transportent leurs marchandises ,
pourvu toutefois qu'ils ne se livrent pas à un commerce qui, comme la contrebande de guerre ,
soit de nature à détruire la neutralité? Un adage
du droit des gens exprime ainsi cette doctrine
pour les navires : *Le pavillon,* dit–il, *couvre la*

---

(1) Arrêté du 2 prairial an XI.
(2) Ordonnance de 1692.
(3) Lettre à l'amiral, 5 juin 1779.

marchandise ; et il ajoute pour la marchandise : *La robe d'ennemi ne confisque pas celle d'ami.*

Ces maximes n'ont jamais été admises par les nations belligérantes ; les plus modérées se sont contentées de mettre la première seulement en pratique, mais elles ont toujours méconnu la seconde ; bien plus, quelques-unes ont proclamé le principe contraire, en disant : La robe d'ennemi confisque la robe d'ami ; d'autres, plus rigoureuses encore, ont confisqué le bâtiment et la marchandise du moment que l'un ou l'autre était ennemi ; en sorte que cette partie des relations internationales est restée sous l'empire exclusif de la force brutale. Espérons que des principes plus vrais, plus conformes à l'intérêt bien entendu de chaque nation, finiront par l'emporter.

Cependant, dans l'état actuel des choses, il fallait donner aux belligérants un moyen de s'assurer que les bâtiments neutres qu'ils rencontraient étaient bien vraiment des bâtiments neutres et non des vaisseaux ennemis arborant un pavillon étranger. Il fallait aussi qu'ils pussent s'assurer que les premiers ne faisaient pas la contrebande de guerre ; ces deux nécessités ont fait établir le droit de visite.

En pleine mer, sur les côtes ennemies, hors des limites de la mer territoriale de toute nation neutre, quand un bâtiment de la marine militaire des belligérants ou un corsaire rencontre un neutre qu'il veut visiter, il arbore son pavillon, se tient à distance de canon et tire à poudre un coup de semonce pour avertir l'autre d'amener ses voiles et de se laisser visiter; si ce dernier s'y refuse, la force peut être employée pour l'y contraindre, et, s'il y a résistance, le navire peut être capturé (1). Le bâtiment semoncé se soumet-il au contraire à la visite? remise est faite des factures, connaissements et autres pièces de bord (2); si elles sont en règle, l'inspection du vaisseau et de l'équipage épuise le droit; s'il y a quelque irrégularité, on peut procéder à l'ouverture des ballots (3).

Quand on veut exercer le droit de visite sur un navire voyageant sous l'escorte d'un bâtiment militaire neutre, surgit la question de savoir si l'immunité de la visite s'étend des bâtiments de guerre à ceux du commerce. En fait, l'Angleterre l'a résolue négativement à coups de canon (4); en droit, elle reste tout entière. Des règles analogues à celles du droit de visite doivent s'appliquer à l'attaque et à la capture des vaisseaux ennemis et neutres; on y doit retrouver l'application des principes sur l'occupation nationale. Les limites

---

(1) Arrêté du 2 prairial an XI.

(2) Traité du 17 novembre 1659 (France et Espagne); Hubner, 2ᵉ partie, chap. 3, § 9 et 11.

(3) Martens, § 2, nᵒ 4.

(4) Août 1800.

de la mer territoriale des nations neutres doivent toujours être respectées ; bien plus, nous pensons que l'espace qui entoure le navire de guerre neutre, qui est sous la portée de son canon, doit lui être assimilé et rester également inviolable.

32. Pour les deux navigations exceptionnelles que nous avons encore à examiner au point de vue des prises (la traite et la piraterie), il y a une double compétence, celle qui s'applique à la prise en elle-même et celle qui a trait à la punition du délit ou du crime. Comme les faits qui font naître l'une et l'autre sont indivis, il faut parler des deux à la fois. Si les règles sont incertaines en matière de guerre maritime, il n'en est pas de même pour la traite des noirs, dont la loi du 17 mars 1831 s'est spécialement occupée. Elle considère comme un fait de traite, la construction et l'armement d'un navire propre, d'après ses dispositions intérieures, à ce commerce, et elle le punit d'un emprisonnement de deux à sept ans, qui s'étend de l'armateur aux assureurs et capitaines (1) ; si le navire est saisi en mer avant de s'être livré à la traite, elle prononce de dix à vingt ans de travaux forcés pour l'armateur, les officiers sont punis de la réclusion, l'équipage de un à cinq ans de prison (2); enfin, si le fait

---

(1) Art. 1.
(2) Art. 2.

est consommé, les officiers sont assimilés à l'armateur (1); ces peines sont toujours prononcées
par la cour d'assises et accompagnées quelquefois
de réparations civiles (2).

33. En ce qui concerne les pirates, c'est la
section du contentieux du conseil d'État qui prononce sur la validité de la prise; c'est le tribunal
civil (3) ou le jury (4), s'il y a des Français dans
l'équipage, qui prononce les peines. La loi fait
en cette matière plusieurs distinctions; l'absence
de pièces de bord, la présence à bord de plusieurs commissions de gouvernements différents
constituent le crime de piraterie; les hommes
d'équipage sont condamnés aux travaux forcés à
temps ou à perpétuité, les chefs et commandants
aux travaux forcés à perpétuité. Quiconque se
livre à des actes de déprédation et de violence
sur des navires français, amis ou neutres, est
réputé pirate et encourt la peine de mort; mais
s'il n'y a pas eu homicide ou blessure, les hommes
d'équipage ne sont condamnés qu'aux travaux
forcés à perpétuité.

Les mêmes peines sont prononcées contre

---

(1) Art. 3.
(2) Art. 5.
(3) Loi du 10 avril 1825.
(4) Art. 1.

l'équipage d'un navire étranger qui, hors l'état de guerre, et sans commission régulière, commettrait les mêmes actes envers des navires français.

Le navire qui se rend coupable d'attaques en arborant un pavillon autre que celui de la puissance qui l'a commissionné est, à cause de cette ruse honteuse, assimilé au pirate, mais seulement pour les officiers qui le montent, les hommes d'équipage ont dû obéir; les premiers seuls sont punis des travaux forcés à perpétuité. Puis le législateur, soigneux de conserver à la France des marins qui peuvent lui être si utiles, et attentif à protéger notre commerce même contre les nationaux qui, dûment autorisés, ont cessé de servir la patrie, traite comme pirate et le Français qui, sans autorisation du gouvernement, prend commission de corsaire d'une puissance étrangère, et celui qui, commissionné ainsi, avec l'autorisation du gouvernement français, se livre à des actes d'hostilité contre nous. Dans le premier cas, le châtiment est la réclusion, dans le second la mort (1).

Enfin, il fallait effrayer l'homme d'équipage assez audacieux pour soustraire le navire au capitaine (2), et empêcher, par la crainte d'une peine

----

(1) Loi du 2 prairial, an **XI**, art. 3.
(2) Même loi, art. 4.

sévère, la trahison de celui qui le livrerait à des pirates ou à l'ennemi. Dans la première hypothèse la mort est prononcée contre les officiers, les travaux forcés à perpétuité contre les hommes de l'équipage ; dans la seconde, il y a eu complicité de piraterie ou de trahison, et la peine est la mort pour tous.

33 *bis.* Telles sont en général les circonstances dans lesquelles une prise faite est déclarée bonne ; cependant, il est encore un autre cas où il peut y avoir prise légitime : c'est lorsqu'un port ou toute autre partie de la mer territoriale d'un peuple ennemi est occupé par des forces rivales telles que l'on ne peut aborder la côte sans passer à travers leurs feux ; les neutres qui tenteraient de franchir cette barrière après la déclaration de l'état de blocus (c'est le nom que l'on donne à cette situation exceptionnelle) seraient saisis à bon droit et déclarés de bonne prise.

Les prévisions du législateur s'étendent au delà de l'examen de la conduite du capteur et de celle du capturé ; des règles fixes président à la distribution du montant des prises entre les officiers, l'équipage et la caisse des invalides de la marine. Après la déclaration de la validité de la prise, on procède à la vente, au dépôt du prix, à la liquidation. S'il s'agit d'un corsaire, un tiers est donné à l'équipage, deux tiers à l'armateur. On prélève cinq centimes par franc pour la caisse des invalides(1). Des dispositions spéciales sont établies dans les différents cas où il y a concours entre les capteurs, et où la prise est opérée par un bâtiment de l'Etat(2). Nous n'entrerons pas dans ces détails; nous nous contenterons d'ajouter que si la prise est annulée, il y aura restitution, et, en certaines circonstances, paiement de dommages et intérêts par le capteur.

SECTION III.

Des pêches maritimes.

34. De même que le législateur a distingué plusieurs sortes de navigations, selon que les voyages de mer avaient pour but des pays plus ou moins éloignés, de même il a divisé les pêches maritimes en trois catégories. Deux idées, qui souvent se combattent, dominent toute cette partie de nos lois : encourager la pêche d'une part, et d'autre part veiller à la conservation du poisson. Il en est résulté que des avantages ont été accordés à ce genre d'industrie, tandis que des mesures sévères en règlent l'exercice et la police. Ces encouragements, ces mesures conservatoires

____

(1) Arrêté du 2 prairial an **XI**.
(2) Arrêté du 9 ventôse an **IX**.

diffèrent suivant chaque genre de pêche, en sorte qu'il convient de traiter séparément de chacune d'elles.

35. *Grande pêche.* — La grande pêche a lieu en pleine mer, c'est-à-dire qu'elle est libre et commune à tous les peuples, ce qui n'empêche pas qu'un traité ne puisse ici créer des obligations spéciales entre deux nations. En France, la nécessité d'avoir des hommes exercés aux manœuvres de l'équipage l'a fait favoriser d'une manière toute particulière; en effet, les expéditions auxquelles elle donne lieu sont, à cause de leur durée, des opérations difficiles qu'elles nécessitent, des dangers qu'elles font courir, les plus propres à donner aux hommes de mer du savoir et de l'expérience. Cependant, malgré l'utilité de ces entreprises en général, et sauf exception, les règles sur la construction et la francisation du navire, sur la formation et la composition de l'équipage, sur les pièces de bord enfin, trouvent ici leur application.

La pêche de la morue, celle de la baleine et autres poissons à huile ou à lard, sont comprises sous la dénomination générale de grande pêche. La première se fait principalement au banc de Terre-Neuve. Considéré autrefois par nous comme propriété française, ce banc, que nous exploitions seuls alors, a été cédé à l'Angleterre par le traité d'Utrecht, avec réserve du droit de pêche pour la France. La pêche est libre dans ces parages. La

France ayant conservé les îlots de Saint-Pierre et de Miquelon, les nationaux ont un droit exclusif de pêche dans les limites de la mer territoriale de ces îles.

Des encouragements de plusieurs sortes ont été donnés à la pêche de la morue. Au départ, une première prime d'armement est accordée d'après le nombre des marins embarqués (1); au retour, une seconde prime, proportionnelle aux produits rapportés, est donnée à la navigation, à la préparation nationale (2). Celui qui a fait cinq voyages maritimes en qualité d'officier peut prendre pour ces expéditions la direction d'un navire sans remplir les conditions imposées pour arriver au titre de capitaine (3). Le sel nécessaire est délivré franc d'impôt (4). La morue étrangère, enfin, est frappée d'un droit d'entrée.

Les îles de Saint-Pierre et de Miquelon sont très utiles pour cette pêche; des établissements y ont été formés et permettent d'y trancher et d'y faire sécher sur place la morue, en même temps que les havres qui sont sur leurs côtes servent à abriter les navires. La répartition des places se fait aujourd'hui par la voie du sort (5). La concession

---

(1) Loi du 22 avril 1832, art. 4.
(2) Art. 15.
(3) Art. 11.
(4) Ord. du 30 oct. 1816.
(5) Ord. du 26 juillet 1833.

dure cinq ans. Cette distribution était autrefois opérée par le capitaine qui mouillait le premier dans la baie du Canada, et qui prenait le titre de capitaine-amiral. A ce privilége, se joignaient d'autres attributions de police ; elles sont confiées aujourd'hui au plus ancien capitaine de chaque havre, appelé capitaine-prud'homme. Ses fonctions spéciales, dans le détail desquelles il nous est impossible d'entrer, peuvent le faire considérer tantôt comme un juge civil, tantôt comme un officier de police judiciaire (1) ; des règles, également trop nombreuses pour que nous puissions nous en occuper, déterminent l'espèce et la condition des engins que l'on peut employer pour cette pêche.

36. La pêche de la morue n'est pas la seule qui ait reçu des encouragements ; l'ancienne monarchie avait tenté de donner à la France le monopole de la pêche de la baleine. C'est dans ce but que Louis XVI (1786) établit à Calais et à Dunkerque les *Nantukais* persécutés par l'Angleterre. Les guerres de la République et de l'Empire rendirent ces efforts inutiles. En 1816 (2), de nouveaux encouragements furent accordés à ce commerce ; une prime spéciale, calculée sur le nombre des matelots embarqués, fut donnée au

____

(1) Ord. de 1821, art. 17, art. 41.
(2) Ord. du 8 janvier.

départ, et se combina avec une prime supplé-
mentaire accordée au retour, proportionnellement aux produits (1). On admit dans la composition de l'équipage des étrangers, même pour la
moitié des officiers. Le bâtiment put ne pas être
de construction française ; les mousses purent
être remplacés par des novices. Les *Nantukais*
ne furent pas compris dans les classes, et les marins employés à cette pêche ne purent être appelés au service ; enfin le sel fut délivré, et les produits de la pêche reçus, en exemption de tout
droit.

37. *Petite pêche.* — La petite pêche, qui reçoit
aussi le nom de pêche côtière, est celle qui n'éloi-
gne ceux qui s'y livrent que pour quelques marées,
ou quelques jours, des ports d'où ils sont partis
et où ils doivent rentrer. Quand elle s'exerce sur
la zône comprise entre la pleine mer et l'embouchure des fleuves dans lesquels elle remonte jusqu'où les eaux commencent à ne plus être salées (2),
elle comprend la mer territoriale de nos côtes, et
là, ainsi que dans nos fleuves, elle est exclusivement réservée aux nationaux. Pour celle qui a lieu
en pleine mer, des traités peuvent intervenir entre
deux nations afin d'en régler l'exercice. La petite
pêche a toujours été respectée, même pendant nos

---

(1) Loi de 1832.
(2) Loi du 15 avril 1829.

guerres; des trêves pêcheresses étaient presque
toujours stipulées en sa faveur (1) ; mais, outre cet
avantage, les mêmes raisons qui avaient fait accorder à la grande pêche tant d'encouragements lui en
ont fait aussi obtenir, quand elle s'applique à certaines espèces de poissons. En général, cependant,
et sauf exception, les navires qui y sont employés
sont soumis aux règles sur la francisation; un
rôle d'équipage et un congé sont nécessaires, une
police particulière leur impose ses règles en mer,
et pour la vente de ses produits; les engins doivent remplir certaines conditions; la seule dis-
pense générale, est celle de n'avoir pas besoin de
capitaine; on n'exige aucune garantie de savoir
des patrons de barque qui se livrent exclusivement à la pêche côtière. Outre le maquereau, la
sardine, etc., le poisson qu'elle exploite avec le
plus de succès est le hareng. Sa pêche, encouragée par un système de primes, a une police spéciale qui surveille la vente, la salaison, le débit et
l'embarillage de ces poissons, dont l'exportation
est favorisée; les mailles des filets qui servent à
les prendre doivent avoir une dimension déterminée (2).

Des dispositions spéciales ont pour but la conservation des moulières et des bancs d'huîtres.

38. La pêche sur le rivage, qu'à la différence

____

(1) Froissard, ch. 3, 45.
(2) Ord. de 1681.

des autres le législateur tend à restreindre à cause des inconvénients qu'elle présente, se fait tantôt au moyen de filets flottants, dont la forme et les mailles sont soumises à certaines prescriptions, tantôt au moyen d'établissements fixes, qui, avec le temps, sont devenus la propriété des riverains; parmi eux nous distinguerons les madragues, qui, en principe, ne peuvent être établies qu'avec l'autorisation de l'administration de la marine ; les bouchots, dans lesquels on élève les moules et les huîtres, qui, s'ils servent en même temps de pêcheries, prennent le nom d'écluses ; ce sont des constructions de bois ou de pierres sèches. Plusieurs fois le législateur a voulu en empêcher l'érection ; elles ont, en effet, le triple inconvénient d'être un obstacle à la liberté de la pêche, un danger pour les vaisseaux, une cause d'anéantissement du poisson sur nos côtes. Les personnes qui se livrent à ce genre de pêche, ne se servant pas d'embarcation, ne sont pas soumises à l'inscription maritime.

SECTION IV.

Des côtes.

39. Nous venons d'examiner rapidement ce qui concerne la propriété de la mer, sa navigation, sa police, sa pêche. Les côtes, dans lesquelles nous ferons rentrer les rades, les ports et les rivages,

présentent quelques questions dont l'examen ter-
minera le rapide coup d'œil que nous avons jeté
sur cette partie de notre administration.

A une législation spéciale, organisée par l'ordonnance de 1681, a succédé le droit commun,
en sorte qu'aujourd'hui, pour ce qui concerne
leur police, les côtes sont considérées comme des
lieux publics soumis aux arrêtés municipaux;
pour ce qui concerne les travaux qui empêchent
les empiétements de la mer, pour la plantation
de ses rivages, dont le sol mouvant deviendrait,
sans cette précaution, le fléau de l'agriculture des
propriétés voisines, elles sont placées sous l'autorité des arrêtés préfectoraux, que les ingénieurs
des ponts et chaussées exécutent (1). Autrefois
la défense de cette partie du territoire était confiée à un corps militaire particulier (2); aujour-
d'hui les gardes nationales, auxquelles on donne
des canons et qui peuvent être réunies sur un point,
sont chargées de ce service (3). Si, en ce qui a
rapport à leur police, à leur système militaire,
les côtes sont maintenant assimilées au reste du
pays; comme il est certains dangers qui leur sont
propres, il est aussi des précautions qui sont prises

---

(1) Arrêté du 13 messidor an IX ; décret du 16 décembre
1811.

(2) Ord. de 1681 ; 28 janvier 1716 ; 5 juin 1757 ; 13 décembre 1778 ; 23 avril 1780 ; loi des 9 et 14 sept. 1792.

(3) Loi du 22 mars 1831.

pour elles seules. Les devoirs de l'hospitalité, l'intérêt des relations commerciales, ont fait établir dans les parages dangereux des phares construits par nos ingénieurs là où l'administration de la marine, chargée de surveiller leur entretien, en a reconnu l'utilité (1). Enfin, pour la défense du pays, des travaux militaires ont été élevés, des pièces de gros calibre ont été placées sur les bords de la mer, et sont le principe de cette occupation nationale qui permet d'étendre sur les eaux notre territoire jusqu'à la plus longue portée des armes à feu.

40. *Ports et rades.*—Dans cet espace sont compris ces lieux que la nature semble avoir ménagés pour servir d'abri aux vaisseaux, ou que la persévérance infatigable de l'homme a su transformer en un mouillage commode et facile ; ce sont les rades et les ports ; les rades, intermédiaires entre la haute mer et les côtes, offrent aux navires un sol peu profond dans lequel l'ancrage est facile ; les ports , partie de la mer qui semble enfermée entre les bras du rivage, sont ces asiles tutélaires où les bâtiments défient les tempêtes, où les marins se reposent des fatigues de la traversée. On comprend combien de bonnes rades, des ports sûrs sont précieux pour le commerce maritime ; aussi fallait-il veiller à

______

(1) Décret des 2-3 prairial an II.

ce que l'incurie ou l'égoïsme de certains navigateurs ne vînt pas créer des dangers nouveaux, à ce que les dangers existants, et que l'on n'a pu supprimer, pussent être facilement évités. Pour arriver au premier but, la police des ports et des rades a été confiée, sous des fonctionnaires administratifs et maritimes, à des officiers qui prennent le titre de capitaine, de lieutenant, de maître de port (1) ; ils ont pour agents subalternes les pilotes lamaneurs, organisés principalement pour remplir le second but qu'a dû se proposer ici le législateur. A un certain âge, après un temps déterminé de navigation, après un examen portant sur la connaissance des lieux, le grade de pilote lamaneur est obtenu. Celui qui en est revêtu doit diriger les bâtiments de long cours qui entrent et sortent des ports; il doit aussi se porter au secours de tout navire en péril. Les pilotes lamaneurs ont un registre matricule spécial, et sont placés sous l'inspection des officiers militaires chefs du mouvement maritime (2).

De même que l'autorité de ces agents s'étend aux ports et aux rades, de même il est des mesures de police qui s'appliquent aux uns et aux autres ; ce sont celles qui veillent à leur conservation, ou à l'accomplissement des prescriptions qui

---

(1) Décret du 10 mars 1807.
(2) Décret de 1806 qui organise le pilotage.

ont pour but d'en écarter tous les dangers que l'incurie pourrait y faire naître : tel est le délestage. Les navires qui arrivent peuvent être chargés, à fond de cale, de corps pesants, sans aucune valeur, et dont ils rejettent le fardeau aussitôt qu'ils ont accompli leur voyage, mais dont le poids leur permettait de garder leur aplomb sur les eaux. On conçoit combien il leur serait commode de décharger ce lest dans les ports et dans les rades ; mais cette opération, en se renouvelant sans cesse, finirait par les encombrer ; aussi est-elle sévèrement interdite. Sous la surveillance des officiers des ports, les pilotes lamaneurs constatent les délits et font exécuter les mesures de police prescrites et sanctionnées par des amendes et par la réparation du dommage (1). Dans les ports, un endroit est réservé au délestage, dont le rapport du capitaine doit contenir l'évaluation.

Telles sont encore les défenses qui prohibent l'abandon des ancres. En restant au fond de la mer, elles peuvent être une cause de danger pour les navigateurs qui succèdent à ceux qui les y ont laissées. En cas de force majeure, et si le capitaine a abandonné dans une rade son ancre sans pouvoir la marquer d'une bouée, il doit en faire sa déclaration, et consigner une somme destinée à en payer l'extraction. Dans les ports, l'absence d'une bouée constitue un délit puni d'une

---

(1) Décret de 1807, art. 11.

amende et de la réparation du dommage ; dans l'intérieur de ces derniers, en effet, les dangers étant plus grands, les dispositions de police sont plus sévères. Aussi, non‑seulement le délestage y est interdit, mais même les égouts qui y déversent leurs eaux doivent être grillés, de peur qu'ils ne deviennent une cause d'encombrement.

Les rades et les ports ne sont pas seuls soumis à une police sévère ; les quais où l'on dépose pendant quelques jours les marchandises débarquées sont aussi assujetties à une surveillance active. De peur d'incendie, on défend d'y faire du feu. Des prohibitions qui ont le même principe s'appliquent aux navires ; à leur arrivée, et même avant l'amarrage, la poudre, les armes, sont remises au bureau des contributions indirectes ; pendant le séjour au port, une partie de l'équipage doit toujours rester à bord. Le radoub doit être fait dans un endroit déterminé, et deux poinçons d'eau doivent toujours être sur le pont au moment où l'on chauffe.

41. En ce qui concerne ces matières, la délimitation de la compétence n'est pas sans difficulté. En règle générale, les tribunaux ordinaires seront juges ; seulement, s'il s'agit de dégradations de travaux à la mer, de différends avec les entrepreneurs, ce sont les conseils de préfecture qui sont compétents. La sanction des règles établies pour la police des ports, étant supérieure aux

peines de simple police, leur application a été attribuée à cette dernière juridiction, pourvu que la pénalité n'aille pas jusqu'à l'emprisonnement. Nous en dirons autant des contraventions à la police des rades, quoique aucun texte ne la leur donne, mais en la restreignant aux empiétements, dégradations et dégâts.

42. *Rivages.*—D'après le droit romain, le rivage de la mer comprend tout l'espace que recouvre la plus forte marée d'hiver : « est autem littus maris « quatenus hibernus fluctus maximus excurrit (1). » L'ordonnance de 1681 dispose : « Sera reputé bord « ou rivage de la mer tout ce qu'elle couvre et dé– « couvre pendant les nouvelles et pleines lunes et « jusqu'où le plus grand flot de mars peut s'étendre « sur les grèves. » Tels sont les deux textes, qui, en même temps qu'ils définissent les rivages, veulent en tracer les limites. Une pensée commune les a dictés ; les bords de la mer comprennent cette partie des côtes qui est recouverte par la plus haute marée dans le mouvement naturel et régulier des eaux ; car il ne peut être question ici de la vague que la tempête a pu pousser au loin sur les côtes. Mais ces deux textes ne sont point identiques ; c'est que la marée d'hiver est la plus forte sur la Méditerranée, dont s'occupe la loi romaine, tandis que la marée de mars est

____

(1) Institutes, lib. 2, tit. 1, § 3.

la plus haute sur l'Océan , auquel se référait le législateur de 1681 (1); aussi , quoique plusieurs veuillent appliquer l'ordonnance aux deux mers, la pensée dont elle consacre le principe nous semble devoir l'emporter sur son texte même; en sorte qu'en la réservant pour l'Océan, nous appliquerons le droit romain sur les rives de la Méditerranée. Du reste, quelle que soit l'opinion que l'on adopte, les limites des rivages sur les grèves même ne pourraient être douteuses ; mais la difficulté naît pour leur délimitation à l'embouchure des fleuves qui déchargent leurs eaux dans la mer. En effet, le flux et le reflux s'y font sentir fort loin, et l'on peut se demander s'il faut assimiler au rivage de la mer les rives de ces cours d'eau jusqu'à l'endroit où cesse l'action de la marée, ou si, au contraire, on doit arrêter le rivage maritime aux deux caps opposés qui forment l'embouchure du fleuve. Les uns , frappés des difficultés que présenterait en pratique l'application du premier système, et s'appuyant sur plusieurs arrêts anciens et récents, ont suivi l'opinion de Merlin, et adopté la seconde théorie. Sans aller aussi loin que Vaslin, qui semble professer la première, nous nous rangerons à l'opinion mitoyenne indiquée par M. Proudhon. Nous pensons en effet que l'on doit étendre le rivage de la mer jusqu'où les eaux du fleuve cessent d'être salées. Tel nous paraît être

---

(1) Liv. 4, tit. 7, art. 1.

l'esprit d'une législation qui soumet à l'inscription maritime ceux qui naviguent dans ces parages, qui laisse libre jusqu'à cette limite la pêche en l'assimilant ainsi à celle de la haute mer, tandis que plus loin elle exige l'accomplissement des règles prescrites pour la pêche fluviale, en sorte qu'il semble que la mer fasse invasion jusquelà (1). L'intérêt, fort grand du reste, de cette question apparaîtra quand nous parlerons des lais et relais de mer, et des alluvions fluviales.

Dans le bel âge du droit romain la propriété des rivages de la mer était entre les jurisconsultes un sujet de discussion; l'un d'eux, Celse (2), prétendait qu'ils devaient être considérés comme une chose publique, tandis que les autres les regardaient comme une chose commune (3). Cette dernière opinion prévalut; mais ceux même qui l'embrassèrent se gardèrent bien d'assimiler les bords de la mer aux autres choses qu'ils rangeaient dans la même catégorie; ainsi, tandis que celui qui s'empare du fragment d'une de ces choses en devient propriétaire par le seul fait de sa libre possession, qui, base de sa propriété, lui sert aussi de limite; on appliquera à l'occupation des rivages les règles qui protégeaient contre l'usurpation d'un particulier les lieux publics. Un édit du préteur put seul permettre d'y élever les constructions que ce

---

(1) Loi du 15 avril 1829.
(2) Loi 3, ff., ne quid in loco publico.
(3) Institutes, de rerum div., § 1.

magistrat jugeait incapables de nuire à l'usage de tous (1); ces constructions devinrent après cette formalité, ainsi que le terrain qu'elles occupaient, la propriété de ceux qui les avaient élevées. Sous les empereurs d'Orient la détresse des finances impériales fit lever un impôt sur les pêcheries construites au bord de la mer; dès ce moment on en favorisa l'établissement en attribuant aux riverains la propriété des grèves qui se trouvaient devant leurs fonds; pendant le moyen âge les seigneurs féodaux y prétendirent, malgré nos rois, un droit de propriété, et l'ordonnance de 1681, pour l'exécution de laquelle il fallut toute la puissance de Louis XIV, fut le premier texte législatif qui rangea les rivages de la mer au nombre des choses publiques. Elle renouvela les mêmes prohibitions que la loi romaine, en réservant la même faculté pour l'administration; elle interdit l'enlèvement des pierres et galets qui opposent une sorte de digue naturelle aux empiétements de la mer; nous pensons même que les propriétaires riverains pourraient y puiser le principe d'une demande en justice si, dans l'inaction des agents administratifs, cet enlèvement leur préjudiciait.

43. Soit que la mer apporte sur ses rives des molécules qui finissent par former une alluvion, soit qu'elle se retire insensiblement, et laisse à découvert une partie de son ancien rivage que

---

(1) Loi 50 ff., de adquir. rerum domin.

ses eaux ne recouvriront plus, suivant les circonstances dans lesquelles se produisent ces atterrissements, ils prennent le nom de lais ou de relais(1).
De même qu'au point de vue de son occupation
ce sol a changé, de même, et par la même raison,
au point de vue de la propriété, sa condition
s'est modifiée. Autrefois partie du domaine public, il est devenu propriété de l'État, et n'est
pas attribué aux riverains, ce qui le distingue des
alluvions fluviales ; du reste , cette propriété de
l'État n'est plus garantie par les prohibitions qui
s'appliquent au rivage , ces terrains ne sont ni
imprescriptibles ni inaliénables ; bien plus (2), le
gouvernement peut les vendre sans remplir les
formalités ordinaires des adjudications administratives ; quand il préjuge qu'il n'y aura pas concurrence aux enchères, la concession amiable et
directe aux propriétaires riverains est autorisée.
Ceux qui se rendent adjudicataires ou concessionnaires, non plus que ceux qui possèdent des héritages limitrophes des grèves, ne sont de droit
commun obligés de fournir de chemin de halage ,
cette servitude serait inutile à la navigation ; ni
de souffrir sur leurs fonds le séchage des filets, ni
l'abordage des embarcations, sauf toutefois l'application du grand principe de la force majeure.

44. Outre ces alluvions, il existe sur les bords

---

(1) M. Proudhon , domaine public, n° 713.
(2) Ord. du 23 sept. 1827.

de la mer des sables vagues et mouvants, en sorte que ses eaux agissant sur un sol aussi meuble, menacent sans cesse les propriétés qui sont en arrière ; ils ont reçu le nom de dunes ; pour leur donner de la consistance , on a imaginé de les planter, ce qui a parfaitement réussi. Un décret du 14 décembre 1810 encourage leur ensemencement , règle les mesures à prendre soit pour les plantations, soit pour les concessions à faire par l'État, et pourvoit à la conservation des plantations existantes à l'époque de sa promulgation.

Il est enfin, le long des rivages de la mer ou même des rives des fleuves, des endroits peu profonds qu'il est facile de soustraire aux eaux au moyen de l'endiguage (1). L'État concède quelquefois à des particuliers le droit de faire des môles et jetées ayant pour but de soustraire aux flots une fraction des terres qu'ils couvrent ; alors une partie du sol public devient une propriété privée. Ce droit, qu'il ne faut pas confondre avec l'alluvion, est concédé dans les fleuves aussi bien que dans la mer, toujours au profit de l'État (2). Nous en parlons ici parce que les concessions de ce genre ont presque toujours lieu au sujet des grèves de la mer.

45. Les bords de la mer eux-mêmes sont soumis à un droit d'usage au profit des communes rive-

---

(1) Ord. du 8 juin 1832.
(2) M. Proudhon , n° 715.

raines; sur les rochers que la marée basse laisse à
découvert, croissent des herbes appelées varech
ou goëmon; elles fournissent aux habitants et
aux propriétaires des côtes, qui ont sur leur récolte
un privilége exclusif reconnu par les lois, un
engrais pour leurs champs, une matière première
précieuse pour la fabrication du verre, enfin un
combustible indispensable; mais comme à l'époque
du frai ces algues servent de retraite aux poissons et sont très utiles à leur reproduction,
leur récolte ne peut se faire qu'à certaines
époques déterminées par l'ordonnance de 1681.
En raison de son utilité, cette plante devait aussi
être protégée contre la rapacité et l'imprévoyance;
aussi des arrêtés préfectoraux déterminent-ils
la manière dont elle doit être récoltée.

SECTION V.

Epaves maritimes.

46. Parmi les objets qui sont recueillis en mer
et ceux qui, rejetés par la mer, sont trouvés sur nos
grèves, quoique tous aient reçu le nom d'épaves,
il faut distinguer et les productions maritimes,
telles que le corail, l'ambre, les poissons à lard,
etc., etc., et ce qui provient des bris et naufrages.

Les premières, quand elles sont pêchées au
fond des eaux ou sur les flots, deviennent immédiatement la propriété du premier occupant; si, au
contraire, elles sont recueillies sur la grève, décla-

ration doit en être faite dans les 24 heures (1) : deux tiers en sont attribués à l'État et un tiers seulement à l'inventeur. Le varech fait exception à cette règle : quand, détaché des rochers où il croît, il est jeté sur le rivage, l'État ne le dispute pas au premier occupant (2).

Quant aux objets provenant de bris et naufrages, s'ils sont retirés du fond de la mer ou repêchés nageant sur les eaux, ils doivent être déclarés comme nous l'avons dit plus haut ; puis cette déclaration est publiée dans les communes voisines, et la revendication est admise pendant l'an et jour ; une fois ce temps écoulé, ils appartiennent pour deux tiers à l'État et pour un tiers à l'inventeur ; toutefois, les ancres ainsi retrouvées sont attribuées à ce dernier en totalité, au bout de deux mois (3). Ces objets recueillis sur les grèves deviennent en totalité la propriété de l'État (4).

Il y a une exception pour les valeurs qui se retrouvent sur un cadavre ; quelles que soient les circonstances de la découverte , on les partage ainsi entre l'inventeur et l'État : un tiers au premier, deux tiers au second.

Remarquons que des ouvriers employés au

---

(1) Ord. de 1681, liv. 4, tit. 9, art. 29 et 20.

(2) Ord. de 1681, tit. 10, art. 1 à 5.

(3) Ord. de 1681, liv. 4, tit. 9, art. 28.

(4) Ord. de 1681, liv. 4, tit. 9, art. 19, 20, 21, 22, 23, 24, 25, 26, 27.

sauvetage ne sauraient être considérés comme des inventeurs; ils n'ont droit qu'à un salaire, et les objets sauvés appartiennent à celui qui les emploie dans les proportions indiquées ci-dessus (1).

____

(1) Ord. de 1681, liv. 4, tit. 9, art. 1 à 18, 26 et 27.

LIVRE II.

DES EAUX DU DOMAINE PUBLIC.

CHAPITRE Ier.

DES RIVIÈRES NAVIGABLES ET FLOTTABLES.

SECTION Ire.

47. Nous n'avons plus à considérer ici les eaux comme chose commune ; mais il convient maintenant d'étudier les dispositions que le législateur a cru devoir prendre , quand il les a envisagées au point de vue de leur ensemble, comme une masse liquide se renouvelant sans cesse, et transportant, au milieu des contrées qu'elle traverse dans sa course, les hommes et les marchandises. C'est de cette nappe d'eau qui coule perpétuellement depuis le lieu où elle sort de terre jusqu'à celui où elle va se jeter dans la mer, c'est du sol sur lequel elle glisse , et que l'on appelle son lit, qu'il faut nous occuper séparément, quoique la loi , probablement à cause de l'impossibilité de concevoir un fleuve sans terrain sur lequel ses eaux s'appuient, ait souvent identifié , d'une manière, peut-être trop complète, le premier et le second. Nous déterminerons ensuite les charges

et les droits de l'État et des riverains sur les eaux du domaine public.

48. Considérés comme une route, comme un chemin qui marche et qui nous porte là où nous voulons aller (1), les fleuves ont toujours fait partie de ces choses qui, dans un état de civilisation gouvernementale, sont remises entre les mains du souverain comme appartenant à la nation d'une manière imprescriptible ; leur garde, leur conservation sont en effet des attributs de la souveraineté ; mais c'est là bien plutôt un dépôt que l'attribution d'un bien dont la puissance centrale deviendrait propriétaire, en sorte que sa mission se borne à défendre, à protéger, à rendre plus utile à tous la chose publique sans en pouvoir disposer (2).

Le droit romain reconnaissait et proclamait ces principes, et rangeait les fleuves parmi les choses publiques (3); il confiait au pouvoir administratif de l'époque, au préteur, le soin de veiller à la conservation de tout ce qui est nécessaire à tous (4). Pendant le moyen âge, l'absence de pouvoir central laissa les choses que leur nature même réservait à l'usage des hommes en proie aux entreprises du plus audacieux ou du plus

----

(1) Pascal, pensées.

(2) Remontrances du parlement de Bordeaux du 20 juin 1786.

(3) L. 5, ff., de rer. divis.; Inst., § 2, eod. tit.

(4) L. unique, ff., ne quid in flumine publico.

puissant. Les rivières navigables elles-mêmes subirent, à leur passage, cette domination fractionnée que se partageait alors le pays (1); mais aussitôt qui la royauté fut assez forte pour invoquer et faire prévaloir le principe de l'imprescriptibilité du domaine public, elle le fit, et l'ordre naturel des choses reparut. Telle fut la révolution opérée par l'ordonnance de 1669, quoiqu'elle ne traçât pas assez profondément, peut-être, la ligne de démarcation qui doit diviser et les choses dont l'État n'est que le conservateur et le dépositaire, et celles qui restent entre ses mains à titre de propriété ordinaire. Les lois du 22 décembre 1789 et du 22 novembre 1790 contiennent des dispositions qui ne sont que la conséquence de ces distinctions; enfin, l'art. 528 du Code civil a textuellement consacré le principe, en mettant hors du commerce les cours d'eau qui portent des bateaux ou auxquels on livre des trains de bois flotté, et en les rangeant parmi les choses du domaine public, sans considérer, comme faisait notre ancien droit, si la nature seule les avait faits assez considérables pour cela, ou si, au contraire, la main de l'homme les avait appropriés à ce service (2).

49. Quant au lit du fleuve, il est vrai qu'un

---

(1) Rapport de M. Arnoult à la Constituante, tom. 53, p. 16 et 17.

(2) Ord. de 1669, tit. 27, art. 41.

texte positif du droit romain le classe au nombre des choses publiques (1) ; mais l'ensemble de la législation semble le démentir (2). Pendant la féodalité, les seigneurs hauts justiciers, propriétaires des eaux, prétendirent aussi à la propriété de leur lit (3); mais ils comprirent mieux les conséquences de cette doctrine que n'avait fait le droit romain (4); enfin, l'art. 538 du Code civil, en revenant à la théorie de ce dernier, a adopté un système mixte que nous aurons à exposer. Il ne faut pas oublier toutefois que c'est de la navigabilité même du fleuve que dépend pour lui cette qualité de chose publique, avec les suites qui en découlent; que cette qualité s'étend aux bras du fleuve (5), aux fossés qui empruntent ses eaux, pourvu qu'un bateau puisse y pénétrer en tout temps (6), aux noues (7) qui s'y forment, aux ports, aux gares qui y sont ménagés ; nous parlerons plus loin des affluents.

50. Les fleuves ont une nature à part ; à cause de leur mobilité même ils se déplacent, se rétrécissent, s'étendent, se divisent autour d'un amas de terres solides qui vient à se former au milieu

---

(1) Loi 1, § 7, ff., de fluminibus.
(2) Voir plus loin.
(3) Sainct-Yon, édit., liv. 2, tit. 1, art. 1.
(4) Voir plus loin.
(5) Conseil, 11 févr. 1836 ; décret du 12 juillet 1806.
(6) Cod. de la pêche fluviale, art. 1.
(7) Cod. de la pêche fluviale, art. 1.

de leur cours. Le législateur a dû observer ces changements et en réglementer les effets. En théorie, là où le tréfonds du fleuve est considéré comme chose publique, les amas de matières solides qui s'y produisent devraient être la propriété de l'État ; le lit du fleuve, grevé d'une servitude au profit de tous, doit, pour les parties qui cessent d'y être soumises, et qui apparaissent à la surface, subir cette transformation au point de vue de la propriété, devenir prescriptible, aliénable, et avoir tous les caractères des choses qui sont dans le commerce. C'est en cela que paraît consister l'inconséquence du droit romain qui déclare public le lit du fleuve (1) et attribue ensuite aux riverains les îles et atterrissements qui s'y forment, suivant une ligne passant par le milieu de son cours (2).

Le droit féodal concluait plus logiquement de la propriété du lit des cours d'eau à celle des amas de terre qui s'y forment. L'ordonnance de 1669 déclarait le roi propriétaire de tous ceux des rivières navigables et flottables, en les rangeant toutefois dans cette partie du domaine de la couronne qui avait reçu le nom de *petit domaine*, et qui était aliénable et prescriptible. Tel était le principe ; cependant des lettres patentes du 28 juillet 1780 distinguaient entre les atterrissements et les îles ; elles attribuaient les

____

(1) Voir plus loin.
(2) Institutes, § 22, de rerum divisione.

premiers aux riverains, les secondes au roi. Cette exception à la règle fut alors célébrée comme un acte de munificence de la part du souverain.

Le Code civil, en proclamant les anciens principes du droit français pour les îles et atterrissements, en considère l'État comme propriétaire. Il semble même qu'ici l'idée ancienne l'ait complétement dominé, car la loi du 17 septembre 1807 (art. 41) autorise, pour l'aliénation de cette sorte de biens, l'emploi de formes moins solennelles que pour l'aliénation des autres, en même temps qu'on reconnaît que la prescription trentenaire ou décennale (1) (car l'État a un représentant dans le ressort de toutes les cours d'appel), peut conférer leur propriété. Mais, d'un autre côté, voyant les riverains exposés aux inconvénients du voisinage des eaux, le législateur moderne a voulu, par une juste réciprocité, leur concéder les avantages qui en résultent, en leur abandonnant les alluvions (2).

51. De la reconnaissance de la domanialité des rivières navigables et flottables, il est résulté pour l'État des droits et des charges. Ces droits sont au nombre de trois : le premier est le droit de passage d'eau. Sous l'ancienne monarchie, le roi ou les seigneurs avaient établi dans l'étendue de leur domaine, sur le parcours

---

(1) Blakstone, ubiquité légale du roi.
(2) Art. 556, Cod. civ.

des routes que les cours d'eau venaient couper,
des bacs dont on pouvait se servir moyennant une
redevance; pendant l'époque révolutionnaire il
fut loisible à tous d'en établir (1); mais bientôt la
loi du 6 frimaire an VII, qui est fondamentale en
cette matière, rétablit l'ancien état de choses au
profit exclusif de l'État, et même sans indemnités
pour les anciens concessionnaires (2). En même
temps, le nombre et la situation de ces bateaux
furent fixés, et le droit de percevoir (3) cet impôt mis
en ferme (4), tandis que des règlements d'administration publique déterminèrent les tarifs et
créèrent les exemptions (5); enfin l'administration
des ponts et chaussées délimita les ports dans
l'étendue desquels les bacs purent se mouvoir (6).
L'importance de ces passages d'eau, leur simili-
tude avec la grande voirie, ont fait attribuer aux
conseils de préfecture la connaissance de toutes
les difficultés qui peuvent naître à leur sujet. Du
reste, il est permis à chaque riverain, pourvu
qu'il n'établisse pas un passage payant à jour et
heure fixes, d'avoir une barque pour son usage (7).

---

(1) Décret du 25 août 1792.
(2) Daviel, 229.
(3) Loi du 14 floréal an X.
(4) Arrêté du 8 floréal an XII.
(5) Loi du 12 floréal an X, art. 10.
(6) Décision du ministre des finances du 30 germ. an XIII.
(7) Parlement de Paris, 9 janv. 1758; Cass., 26 déc. 1826.

Bien plus, il a été jugé qu'un meunier pouvait faire passer l'eau sur le bateau nécessaire à son usine, même moyennant salaire (1). Les concessionnaires ne sauraient se plaindre si les voyageurs préféraient un gué à leur bac (2).

Nous parlerons plus loin des deux autres droits de l'État, qui sont les droits de navigation et de pêche.

52. Quant aux charges de l'État à cause des rivières navigables et flottables, elles sont nombreuses, et il a fallu organiser la navigation intérieure et créer un service qui veillât à les remplir; nous en parlerons plus loin. Qu'il nous suffise, pour le moment, de savoir que la France, au point de vue de cette administration, était divisée en bassins, circonscription plus large que le département; et comme il fallait que l'agent chargé de ce service pût avoir des vues d'ensemble, un chef-lieu a été donné à chaque arrondissement du bassin. Le préfet et l'ingénieur de ce chef-lieu sont seuls compétents pour les travaux de navigation, qui consistent surtout dans la conservation et l'amélioration de la chose publique à laquelle ils s'appliquent; de même que l'État doit entretenir les grandes routes, de même c'est lui qui est chargé du curage et du balisage des

---

(1) Conseil, 15 nov. 1826.
(2) Cassat., 22 octob. 1822.

rivières navigables et flottables (1) ; telle est , du moins , la règle générale ; mais , par exemple, si l'encombrement du lit est le résultat d'un barrage destiné à faciliter le roulement d'une usine, le propriétaire de cet établissement doit payer les frais du curage (2). Si les travaux , en même temps qu'ils facilitent la navigation, protégent et améliorent les héritages riverains , une proportion doit être établie entre ces propriétaires favorisés et l'État pour leur paiement (3). L'intérêt des citoyens est garanti d'une manière spéciale dans le règlement à faire. Un décret rendu dans la forme des règlements d'administration publique proclame le principe de l'indemnité envers l'État ; après que les parties intéressées, formées en syndicat, ont été appelées et entendues, trois experts, nommés , l'un par le syndicat de propriétaires , l'autre par les entrepreneurs , un troisième par le préfet , estiment la valeur des propriétés avant et après les travaux. Une commission, nommée par le chef du pouvoir exécutif, détermine la plus-value qui est la base de la répartition (4). Les travaux d'art restent dans tous les cas la propriété

---

(1) Loi du 30 floréal an X; du 4me jour complémentaire an XIII.

(2) Conseil, 10 janv. 1821 ; 26 août 1824.

(3) Loi du 16 sept. 1807, art. 33 et 34; Conseil, 25 novembre 1831.

(4) Loi du 16 sept. 1807, art. 7, 19, 30, 42, 43, 44, 46.

de l'État (1), responsable, du reste, des dégâts causés par le défaut d'entretien du fleuve (2).

52 *bis*. Mais les travaux d'entretien ne sont pas les seuls dont il soit chargé ; car il ne doit pas seulement conserver, il doit encore améliorer la navigation : c'est pour cela que la canalisation des rivières déjà navigables lui est confiée. Une loi, qui n'a pas besoin d'être précédée d'une enquête administrative, constate l'utilité publique ; les expropriations sont faites en vertu de la loi du 3 mai 1841, les indemnités accordées d'après celle du 16 septembre 1807. Enfin l'État, qui tantôt conserve, tantôt améliore les voies de navigation, va même quelquefois jusqu'à en créer (3) ; les canaux de navigation intérieure ne sont autre chose que des fleuves établis de main d'hommes, à l'aide d'expropriations ; la nécessité de ces expropriations exige, en général, l'intervention du pouvoir législatif, qui déclare l'utilité publique après une enquête administrative (4). Nous disons en général, car un décret précédé des mêmes garanties suffit pour les canaux secondaires de 20,000 mètres d'étendue. Dans les deux cas, le préfet délimite le tracé et détermine les proprié-

---

(1) Arrêts du Conseil des 17 juillet 1782 et 23 juillet 1783.
(2) Conseil, 25 mars 1835.
(3) Décret régl. du 22 janv. 1808, art. 1.
(4) Ord. du 18 février 1834.

tés à exproprier. Quant à l'exécution, tantôt
c'est l'État lui-même qui y pourvoit, tantôt, et le
plus souvent, ce sont des compagnies qui se char-
gent de ces travaux, moyennant la cession presque toujours temporaire du droit de navigation(1).

L'alimentation des canaux se fait, tantôt à
l'aide de dérivations opérées sur des eaux que
l'on force à prendre un cours nouveau, tantôt
en profitant d'une rivière déjà existante. Dans
le premier cas, on devra indemniser et le propriétaire du terrain qui va devenir le lit du canal, et
ceux des sources, des étangs, dont les eaux, jusque-là employées à faire mouvoir des usines, à
irriguer des prairies, étaient pour eux d'un grand
prix (2). S'il s'agit de petites rivières, l'indemnité
ne sera accordée que suivant des distinctions établies plus loin. Dans le second cas, le sol occupé
par la rivière n'entrera pas dans le règlement de
l'indemnité. Du reste, sauf cette exception, on
appliquera toujours le principe de la loi du 3 mai
1841. C'est ainsi que les bâtiments dont il faudra
détruire une partie devront, sur la demande des
propriétaires, être expropriés en totalité. Il en
sera de même des terrains réduits au quart de leur
contenance totale. On fera entrer la plus-value
dans la fixation de l'indemnité, qui même pourra
retomber en entier sur les propriétaires voisins.

---

(1) Daviel, n° 178.
(2) Daviel, 189.

Une fois les travaux terminés, l'entretien devient une charge de l'État, ou des compagnies concessionnaires qui perçoivent les droits de navigation (1).

Ce n'est pas seulement comme moyen de transport que les fleuves sont précieux, ils rendent encore d'autres services importants aux contrées qu'ils traversent. Tantôt leurs eaux, retenues d'abord, et s'échappant ensuite avec violence, offrent à l'industrie un puissant moteur pour ses usines ; tantôt, divisés en petits ruisseaux, ils sont le principe d'une riche végétation. Pour les fleuves sur lesquels la navigation peut s'exercer, c'est elle que le législateur doit favoriser de préférence ; mais, de même qu'il eût été de la plus mauvaise administration de laisser chacun juge de la question de savoir si telle ou telle construction ou dérivation portait ou non préjudice à l'exercice du droit de tous sur la chose publique, de même il eût été d'une mauvaise économie d'interdire d'une manière absolue d'établir sur les rivières des usines, d'y pratiquer des prises d'eau, ce qui est aussi utile à tous ; car les premières répandent l'aisance parmi les populations laborieuses qu'elles emploient, tandis que les secondes augmentent la production générale du pays. Ces considérations puissantes expliquent et justifient l'intervention continuelle de l'administration.

---

(1) Daviel, 203.

publique, que nous allons rencontrer à chaque pas
en traitant des droits que les particuliers peuvent
avoir sur les rivières navigables et flottables. Mais
il ne faut pas se méprendre sur la nature de ces
droits par rapport au domaine public; il faut considérer l'État bien plutôt comme un gardien,
comme un dépositaire, que comme un propriétaire absolu (1). L'inaliénabilité, l'imprescriptibilité des choses qui composent le domaine public
ne permet pas d'en disposer, en sorte que l'administration rencontrera ici des bornes infran-
chissables à son action, et ne pourra autoriser que
les établissements compatibles avec la destination
publique de ces cours d'eau. Il en résulte qu'il ne
saurait être ici question de transport de propriété, non plus que de constitution de servitude
sur une chose qui est hors du commerce; des concessions gracieuses sur ce qui n'appartient à personne, sur ce dont l'usage est commun à tous,
concessions essentiellement révocables et modi-
fiables, suivant que les causes qui les ont fait
accorder n'existent plus, ou que le service public
réclame leur suppression, pourront seules avoir
lieu (2).

Il y a, remarquons-le bien, une grande différence entre ces attributions de droits révocables
et l'aliénation que fait l'administration des atterrissements qui se forment dans les fleuves; pro-

---

(1) Voir plus haut.
(2) Daviel, 331.

priété de l'État considéré comme particulier, ces derniers héritages ne font pas partie du domaine public, et ne sont pas protégés par les mêmes garanties.

53. Ces principes, qui sont les seuls vrais, n'ont pas toujours été en vigueur ; sans parler de la confusion introduite par la féodalité, l'ordonnance de 1669 ne paraissait baser ses dispositions que sur les règles de la propriété ordinaire ; elle déclara que les rivières navigables et flottables feraient partie du domaine de la couronne, nonobstant tout titre ou possession à ce contraire, en maintenant néanmoins les pêcheries et usines qui avaient titre et possession valables (1). Pour être valable, cette possession devait remonter au 1er avril 1566. Des recherches furent faites en vertu de cette ordonnance ; puis un édit fiscal de 1693 exigea une redevance des usines qui, d'après le législateur de 1669, devaient être conservées, et une prestation plus forte de celles qui auraient dû être démolies, et auxquelles il donna ainsi une existence légale.

54. Mais il ne suffit pas de donner les principes d'après lesquels on peut reconnaître la légitimité de ces anciens établissements, il faut dire aussi les règles applicables aujourd'hui à leur création. La loi des 12-20 août 1790, le Code rural de

---

(1) Art. 41.

1791, qui nous régissent encore, ont confié aux préfets l'administration générale des eaux, en sorte que sans leur intervention aucun obstacle ne saurait être apporté à leur cours naturel. Quand les besoins de l'industrie ou ceux de l'agriculture réclament ces sortes de travaux, une pétition est adressée au préfet, qui la transmet au maire de la commune où l'établissement doit être formé, à l'ingénieur de l'arrondissement, à l'inspecteur de la navigation. Après que la demande est publiée, ces trois fonctionnaires se transportent sur les lieux, les deux derniers dressent procès-verbal, le maire transmet son avis au préfet, l'ingénieur et l'inspecteur de la navigation adressent leurs rapports et leurs plans aux autorités dont ils relèvent. Sur ces documents, l'ingénieur en chef dresse lui-même un rapport, puis le dossier est renvoyé à la mairie, où il reste déposé pendant quinze jours, à l'expiration desquels l'ingénieur en chef donne son avis. Si des oppositions fondées sur des droits de propriété ou d'usage se produisent, le préfet doit attendre, avant de statuer, la décision des tribunaux; il prend enfin son arrêté (1). Des concessions valables aussi sont résultées des ventes nationales, car les principes sur la garantie ne nous permettent pas de donner une autre décision ; celles qui seraient faites aujour-

---

(1) Analyse de l'instruction ministérielle du 19 thermidor an VI.

d'hui sans l'accomplissement de toutes ces formalités, sont nulles et peuvent être révoquées (1).

Les concessions de ce genre ne sont presque toujours accordées que sous deux conditions résolutoires : 1° il ne sera dû aux concessionnaires aucune indemnité pour les changements faits dans l'intérêt public; 2° si les dispositions prescrites par l'ordonnance ne sont pas exactement suivies, la concession sera retirée. Les travaux s'exécutent sous la surveillance de l'ingénieur de l'arrondissement, qui délivre un procès-verbal de réception quand ils sont terminés. Ce procès-verbal est déposé aux archives de la préfecture.

Les propriétaires des usines concédées après les formalités que nous avons énumérées, ont des droits et des devoirs vis-à-vis de l'État; ils en ont aussi vis-à-vis des particuliers. D'un côté, ils peuvent s'opposer à l'élévation d'établissements nouveaux qui leur causeraient un préjudice réel; ils doivent être mis en demeure de se plaindre; le décret de concession leur sera signifié, et ils pourront dans les trois mois se pourvoir contre lui. Pour repousser leur action, le nouveau concessionnaire devra prouver que le volume d'eau suffit aux deux usines. Dans certains cas, en outre, une indemnité sera réclamée par eux pour la destruction de leurs fabriques ; mais il faut faire ici plusieurs distinctions : si à cause de change-

---

(1) Conseil, 8 juin 1831 ; 29 août 1834 ; 11 mai 1838.

ments naturels survenus dans le cours du lit du fleuve, l'établissement est reconnu dangereux pour la navigation, rien n'est dû pour sa suppression (1); si c'est seulement de l'amélioration de la navigation qu'il s'agit, il faut examiner si les titres ne réservent pas au gouvernement la faculté de faire ces travaux sans indemnité; pour les établissements antérieurs à 1566, pour ceux qui ont été confirmés par l'édit de 1693, moyennant une somme une fois payée, ou des travaux faits dans l'intérêt de la navigation, une indemnité sera due. On décidera de même en cas de refus de reconstruction d'une usine autorisée.

D'un autre côté, comme en cette matière il eût été trop facile de porter préjudice à la chose publique sans que le délit pût être constaté, une autorisation est exigée pour des modifications, même dans des cas où elle ne semble pas devoir être utile; en sorte qu'alors même que ces changements ne devraient avoir aucune influence sur le régime des eaux, une autorisation serait encore nécessaire (2).

55. Quant aux concessionnaires, les particuliers pourront leur opposer les contrats intervenus entre eux, et même la prescription, qui, en cette matière, ne peut jamais être opposée à l'État; en outre, ils sont tenus de réparer les dommages

---

(1) Conseil, 24 janv. 1834; 11 mai 1838; 19 mars 1840.
(2) Instruction du 19 thermidor an VI.

causés soit aux propriétés riveraines, soit à la navigation, par l'exploitation de l'usine.

On rencontre aussi quelquefois sur les canaux
des usines plus ou moins considérables ; les règles
sont les mêmes que pour les autres ; du reste, si
l'administration a le droit de faire disparaître les
établissements non autorisés, à plus forte raison
peut-elle forcer leurs propriétaires, quand leur
conservation n'est pas dangereuse, à accomplir
les formalités qui peuvent les légitimer (1). Si
cependant elle croyait devoir retirer les concessions, un décret serait nécessaire, à moins que la
destruction des travaux d'art, depuis 30 ans, n'eût
acquis la prescription au profit de l'État.

56. Les eaux transportent les bateaux et font
mouvoir les usines ; elles sont encore précieuses
pour l'agriculture ; cependant notre ancien droit
a toujours reconnu que cet intérêt, malgré toute
son importance, devait fléchir devant celui de la
navigation ; quand des concessions de ce genre
n'offraient aucun inconvénient pour elle, le roi
pouvait en accorder (2). Le Code rural proclama le principe de la liberté (3) ; il permit à
tous les riverains de faire des prises d'eau ; mais
des lois successives (4) vinrent apporter de

---

(1) Instruction ministérielle du 21 germinal an VI.
(2) Daviel, 371.
(3) Art. 4, sect. 1.
(4) Arrêté du 19 ventôse an VI.

telles restrictions à une règle qui aurait pu être si désastreuse, que l'ancien état de choses fut rétabli. La rédaction de l'article 644 du Code civil rappelle celle des anciens édits de nos rois. En pratique, on a assimilé ces concessions aux autres, qui peuvent intervenir sur les rivières navigables et flottables; un décret pourra seul les permettre (1). Bien plus, l'administration portant sa prévoyance au-delà de ces cours d'eau, peut faire pour leurs affluents des règlements auxquels on devra se conformer pour l'irrigation (2). Du reste, les riverains des rivières navigables et flottables n'ont aucun droit sur elles, et la concession d'irrigation peut être faite à des propriétaires plus éloignés (3). Ces autorisations, une fois données, créent des droits qu'il faut ensuite respecter; l'administration ne peut en accorder de nouveaux qui nuiraient aux premiers. Il va sans dire qu'il est interdit de faire sans autorisation des prises d'eau dans les sources et autres affluents qui alimentent les canaux.

SECTION II.

Navigation.

57. La navigation intérieure a, pendant longtemps, été tout à fait négligée, malgré les efforts

---

(1) Daviel, 374.
(2) Voir plus loin.
(3) Daviel, 380.

de nos rois. Soumise sous l'ancien régime à une foule de droits, devenue libre sous la Révolution (1), elle fut de nouveau réglementée par le gouvernement consulaire (2). Il divisa, d'après la disposition topographique des lieux, la France en 21 bassins qui se subdivisèrent en arrondissements ayant un chef-lieu ; il donna au préfet, à l'ingénieur de ce point central, des pouvoirs spéciaux pour les travaux utiles à la navigation (3); les fleuves furent divisés en distances, des bureaux furent établis le long de leur cours ; des agents secondaires, tels que des commissaires, des inspecteurs de la navigation, des capitaines et maîtres de port, furent chargés de procurer ce service et de constater les contraventions, en même temps que considérée comme dépendance de la grande voirie, la navigation, pour les difficultés qui pouvaient naître de l'exécution des travaux, pour la répression des délits qui pouvaient se produire à son sujet, était rangée parmi ces matières administratives dont le contentieux fut attribué au conseil de préfecture. Malheureusement, le même gouvernement qui paraissait prendre tant à cœur l'amélioration de la navigation fluviale, manquant des fonds nécessaires pour mettre en état les voies

---

(1) Loi du 28 mars 1790.
(2) Loi du 30 floréal an X.
(3) Arrêté du 8 prairial an XI.

d'eau (1), et pour les entretenir, il fallut lever un
impôt qui devait contrebalancer les sages mesures qui avaient été prises, et les empêcher
de produire les bons résultats qu'on en atten-
dait. Ainsi, tandis que la nature semblait avoir
offert à tous le moyen de transport le plus commode et le moins cher, l'État venait exiger un
droit de ceux qui en faisaient usage; au contraire,
un pays voisin du nôtre non-seulement ne frap-
pait d'aucun impôt ceux qui commerçaient par
cette voie, mais lui réservait même exclusivement
certaines marchandises (2). La France fut con-
trainte, par le mauvais état de ses finances, à
rendre notre navigation intérieure très onéreuse;
en sorte que l'activité des échanges se rejeta sur
les routes de terre, résultat qui eut pour double
inconvénient de rendre les transports plus dispen-
dieux et de détériorer les voies de communication (3).

58. Les fonds provenant de cette taxe, connue
sous le nom de droit de navigation, furent d'abord
spécialement affectés à l'entretien des rivières
et canaux sur lesquels ils étaient levés (4);
mais depuis, ils rentrèrent dans les ressources
générales de l'État (5); et il en résulta que l'iné-

---

(1) Loi du 14 floréal an X.
(2) L'Angleterre.
(3) Rapport de M. Jaubert.
(4) Rapport du ministre des travaux publics.
(5) Rapport de M. Jaubert.

galité qui existait entre les différents bassins devint choquante et injuste; aussi des réformes furent-elles tentées. La basse Seine fut soumise, à titre d'essai, à un système nouveau, par la loi du 23 mai 1834. Dix-huit mois plus tard, 12 bassins sur 21 lui furent assimilés par la loi du 9 juillet 1836. Nous ne pouvons donc mieux faire que d'analyser ce dernier acte législatif, qui paraît devoir s'étendre à tout le pays, et qui comprend déjà, dans son application, les bassins les plus importants (1). Le droit de navigation est imposé par distance de 5 kilomètres (2), en raison du volume des trains ou de la charge réelle des bateaux (3), déterminée à l'aide de l'opération du jaugeage, à laquelle doivent se soumettre tous ceux qui lancent un bateau ; les marchandises se divisent en deux classes (4) : la seconde, la moins imposée, comprend, en général, les matières premières indispensables à l'industrie (5). Il en est même qui sont privilégiées; si le chargement est mixte, il est considéré comme composé de marchandises de première classe, à moins que celles-ci ne représentent qu'un dixième de la cargaison (6). Les bateaux portant des voyageurs sont

---

(1) Analyse de la loi du 9 juillet 1836.
(2) Art. 1.
(3) Art. 2 et 11.
(4) Art. 1.
(5) Art. 3.
(6) Art. 4.

soumis aux droits les plus élevés (1). L'administration des contributions indirectes , chargée de
la perception de cette taxe (2), peut consentir des
abonnements payables d'avance, par mois ou par
voyage, pour les bateaux qui portent habituellement des voyageurs ou des marchandises d'un
port à un autre, et pour ceux de petite capacité
qui ne vont pas à plus de trois distances d'un
port (3). Il est quelques embarcations qui jouissent d'une exemption complète (4); en général,
la perception peut être faite à chaque bureau par
le receveur, sous l'inspection du contrôleur :

1° Pour les distances parcourues ;

2° Pour celles à parcourir jusqu'au premier
bureau et en deçà ;

3° Pour les distances parcourues entre deux
bureaux (5).

Du reste, tout batelier peut payer au départ ou
à l'arrivée : dans le premier cas, on lui donne un
laissez-passer ; s'il ne veut payer qu'à l'arrivée,
il se munit d'un acquit à caution qui doit être
déchargé au lieu de débarquement ; ces laissez-
passer, ces acquits à caution ainsi que les connaissements et lettres de voitures, doivent être pré-

---

(1) Art. 5.
(2) Art. 6.
(3) Art. 6.
(4) Art. 9.
(5) Art. 12.

sentés à toute réquisition (1) ; enfin, des tarifs sont annexés à la loi, et s'appliquent, ainsi que toutes ses dispositions, aux canaux de navigation.

59. La navigation intérieure n'est pas seulement subordonnée à l'acquittement de certains droits ; un grand nombre de règlements déterminent les obligations de police prescrites aux mariniers dans l'intérêt général, et même la réparation de certains dommages qu'ils peuvent causer est appréciée par la loi même ; ainsi, ils doivent au propriétaire d'une usine ayant une existence légale, la somme de 40 sols par 24 heures de chômage (2) ; ils sont tenus, en cas d'abordage, et suivant des distinctions fondées sur l'équité, de la réparation des dégâts qu'ils ont pu causer aux autres bateaux qu'ils rencontrent, aux marchandises qu'ils contiennent ; ces dommages-intérêts seront appréciés par les tribunaux civils ; mais, en général, les fleuves étant assimilés aux routes, les contraventions qui s'y commettent sont considérées comme des contraventions de grande voirie, et rentrent dans la compétence du conseil de préfecture.

____

(1) Art. 13.
(2) Ordonnance du 27 juillet 1723.

SECTION III.

Péche fluviale.

60. Les eaux contiennent une partie des êtres destinés à notre nourriture, et il convient de les considérer aussi sous ce point de vue.

Le droit romain regardait les poissons comme *res nullius* et en attribuait la propriété au premier occupant (1); il n'en fut pas ainsi du droit féodal; les seigneurs hauts justiciers, qui se disaient propriétaires des cours d'eau, prétendaient à tous les avantages qui peuvent résulter de cette propriété; ils avaient fait des concessions de pêcheries comme des concessions d'usines, même sur les rivières navigables et flottables. L'ordonnance de 1669, quoique faisant rentrer ces cours d'eau dans le domaine de la couronne, respecta ces aliénations alors qu'elles étaient basées sur un titre valable, ou sur une possession antérieure au 1ᵉʳ avril 1566 (2). Pendant les premiers temps de la Révolution ce fut une question de savoir si les droits de cette nature devaient tous être considérés comme ayant une origine féodale, et si, par conséquent, ils devaient tomber devant les décrets des 4 et 11 août 1789. Le doute fut levé par la Convention à trois reprises différentes (3); elle

----

(1) Institutes, § 12, de rerum divisione.
(2) Edit d'avril 1683.
(3) Les 6 et 10 juillet, et le 28 nov. 1793.

les déclara tous indistinctement anéantis. La doctrine romaine fut alors remise en vigueur, et les citoyens purent se livrer, sans autorisation préalable, à toutes sortes de pêches; mais bientôt le gouvernement directorial s'aperçut des abus qui naissaient de cette liberté illimitée (1), et rappela que le législateur n'avait aboli aucune mesure conservatrice du poisson, en même temps que le libre exercice du droit de pêche ne permettait ni de troubler l'ordre, ni de violer le respect dû à la propriété. Trois ans plus tard, la liberté de la pêche dans les rivières navigables et flottables disparut ; l'État, comme moyen de finance, se l'attribua, en la considérant comme une conséquence de leur qualité de chose du domaine public (2); ce fut alors, et sur un avis du conseil d'État (3), que toutes les pêcheries particulières furent supprimées sans indemnité, en vertu des lois de la Convention, décision qui, malgré l'ambiguïté des termes de l'art. 85 de la loi du 15 avril 1829, doit cependant être maintenue ; il a même été décidé que la vente d'un bien national, avec mention d'une pêcherie, ne saurait porter préjudice au droit absolu de l'État (4); cette interprétation nous paraît trop rigoureuse.

61. Telle était la législation quand la loi du

----

(1) Arrêté du 26 messidor an VI.
(2) Loi du 14 floréal an X.
(3) Conseil, 30 messidor an XII.
(4) Conseil, 27 avril 1825.

15 avril 1829 vint régler toute la matière. Elle déclare tout d'abord que le droit de pêche sera exercé, au profit de l'État, dans tous les fleuves , rivières, canaux, contre-fossés navigables ou flottables, avec trains et radeaux, dont l'entretien est à la charge de l'État ou de ses ayants cause, et ensuite dans les bras, noues , baies ou fossés qui tirent leurs eaux de ces rivières, quand on y peut pénétrer en tout temps en bateaux pêcheurs (1), et dont l'entretien est à la charge de l'État, restriction qui semble indiquer que, d'après le législateur, la pêche est une sorte de compensation des travaux d'entretien des rivières. Sont exceptés , toutefois , ceux de ces canaux et fossés qui auraient été ou seraient creusés et entretenus par les propriétaires.

L'État n'exploite pas par lui–même ; mais les rivières sont divisées en cantonnements, et il cède à des particuliers ces arrondissements de pêche , tantôt par adjudications précédées d'enquêtes et faites conformément à l'ordonnance du 28 octobre 1840 ; tantôt, quand ce premier mode n'a pas réussi, par des concessions directes faites à prix d'argent. Dans l'intérêt de la conservation du poisson, des décrets règlent les saisons dans lesquelles on doit s'abstenir de la pêche et les engins que l'on peut employer. Ils sont marqués et plombés par les agents de la police de la pêche, qui peuvent visiter à tout instant les bateaux pê-

---

(1) Voir la discussion à la chambre des pairs.

cheurs pour s'assurer s'ils n'ont pas des filets dé-
fendus. Sauf les temps prohibés, la pêche à la
ligne volante est toujours libre (1). L'État a assimilé à la pêche la chasse des oiseaux aquatiques
dans les rivières navigables et flottables (2).

SECTION IV.

Rives des fleuves navigables et flottables.

62. Nous avons déjà considéré les fleuves en eux-
mêmes, au point de vue de la propriété et des
droits que les riverains et l'État peuvent avoir sur
leurs eaux. Il convient maintenant de nous occuper de leurs bords, de décider à qui ils appartiennent, d'en déterminer les limites, de préciser
quels sont les droits et quelles sont les charges
qui résultent de cette propriété.

63. On s'est demandé tout d'abord si la propriété
des rivières navigables et flottables n'entraînait
pas celle des rives. Chez les Romains on ne pouvait conclure des unes aux autres, et les Institutes (3), qui rangent les fleuves parmi les choses
publiques, classent aussi leurs rives parmi celles
qui sont susceptibles de propriété privée (4); le
même texte les grève, toutefois, d'une servitude
s'étendant à tout ce que peut exiger l'usage
public du fleuve. Dans notre ancien droit, les

---

(1) Analyse de la loi du 15 avril 1829.
(2) Daviel, 249.
(3) Institutes, de rerum divisione, § 2.
(4) Institutes, de rerum divisione, § 4.

uns (1) pensaient que la législation romaine devait rester tout à fait étrangère à la question, et soutenaient que les rives du fleuve participent de sa qualité de chose publique, en présence d'une jurisprudence qui n'était pas parfaitement fixée (2); d'autres, au contraire, voulaient qu'on appliquât le droit romain. Le Code civil (art. 630) a confirmé cette dernière opinion; seulement, nous établirons plus loin que la servitude dont il grève ces fonds n'a pas la même étendue que sous la législation de Justinien.

64. Une fois la propriété des riverains reconnue sur les rives des fleuves navigables et flottables, il faut en tracer les limites. La loi romaine nous servira encore ici de guide (3); elle comprend dans le lit du fleuve tout l'espace que ses eaux recouvrent à leur plus grande élévation (4). Là s'arrête le domaine public, sans s'étendre alors qu'une cause accidentelle fait déborder le fleuve (5), sans se restreindre alors qu'une sécheresse momentanée vient diminuer le volume de ses eaux, en sorte qu'une ligne séparative se trouve tracée entre le domaine public et les héritages limitrophes (6). Mais les fleuves ont une nature changeante et ne

---

(1) Bacquet; Salvaing, liv. 1, chap. 37.

(2) Parlem. de Grenoble, 8 août 1716 ; arrêt du Conseil du 8 juillet 1726.

(3) Loi 3, § 1, ff., de fluminibus.

(4) Loi 1, § 5, ff., de fluminibus.

(5) Loi 3, § 5, ff., de fluminibus.

(6) Proudhon, domaine public, 744.

se renferment pas toujours dans les limites du même lit; tantôt, s'introduisant par une dépression de terrain au milieu des terres, ils se font un cours nouveau et abandonnent celui qu'ils avaient suivi jusque-là; tantôt, délaissant tout à coup un des côtés de leur lit, ils se portent en entier ou partiellement sur l'autre; quelquefois, enfin, leurs eaux amoindries laissent le long de leurs berges de grands espaces vides. Le législateur a dû régler les effets de ces changements et de ces modifications vis-à-vis des propriétés riveraines.

65. Lorsque le fleuve change son cours, le droit romain attribue aux riverains le lit abandonné (1); l'art. 563 du Code civil le donne, à titre d'indemnité, à ceux dont le terrain est maintenant occupé par le fleuve, ce qui n'a rien d'illogique quand il s'agit de rivières du domaine public; mais qu'arriverait-il si, se déplaçant une seconde fois, le fleuve venait occuper de nouveaux héritages? La loi I, § 7, ff, *de adquirendo rerum dominio*, donne encore aux riverains le second lit délaissé, et ne le restitue aux anciens propriétaires que dans le cas où les traces de leur propriété subsisteraient encore. Aujourd'hui, nous pensons qu'il faut distinguer entre le cas où la prescription serait accomplie au profit de l'État, sur le second lit, par l'occupation des eaux du domaine public, et celui où moins de trente ans se seraient écoulés depuis

____

(1) Institutes, de rerum divisione, § 23.

le premier changement du cours d'eau. Dans la première hypothèse, nous pensons que les propriétaires des terrains actuellement occupés par le fleuve viendraient prendre ceux qui formaient autrefois son second lit; dans la deuxième, nous croyons que les propriétaires du second lit rentreraient dans leurs biens, et devraient céder aux propriétaires des héritages actuellement occupés par le fleuve, le lit primitif.

66. Ces changements complets dans la direction d'un cours d'eau se produisent rarement; il arrive plus fréquemment que, se portant d'un bord qu'elles quittent sur l'autre bord, les eaux incorporent à leur lit une partie de ce dernier. La doctrine de l'art. 563 doit encore être suivie ici; en sorte que le propriétaire du fonds occupé pourra venir reprendre sa propriété sur l'autre rive; car, si l'on abandonnait cette théorie, il en résulterait que si des héritages se trouvent entre l'ancien et le nouveau lit du fleuve, les propriétaires des fonds sur lesquels il coule actuellement seraient indemnisés, tandis, au contraire, que quand le fleuve aurait quitté son lit pour absorber même complétement le fonds riverain, le propriétaire de ce dernier ne recevrait aucune indemnité. Mais si la diminution des eaux laisse subitement dans leur lit des terrains vacants, si leur violence apportant tout à coup sur la rive des bancs de sable ou de limon forme un atterrissement, aux termes de l'art. 560 du Code civil, ils appartiendront à l'État.

67. Ces changements, ces modifications dans le cours des eaux, n'ont pas lieu sans que les riverains en souffrent ; aussi peuvent-ils toujours se défendre par des travaux d'art, pourvu toutefois qu'ils ne rejettent pas sur le riverain d'en face l'effort des eaux ; en outre, les fleuves sont comme la fortune, s'ils ôtent ils donnent aussi (1), et le législateur, tout en réservant à l'État les îlots et atterrissements qui se forment dans les rivières navigables et flottables, ces derniers dans les limites que nous venons de tracer, a voulu cependant laisser aux riverains, en compensation des inconvénients du voisinage des eaux, certains avantages.

68. Il arrive souvent, en effet, que par un dépôt insensible les eaux apportent le long de leurs rives des molécules qui réunies peu à peu les unes aux autres finissent par constituer un terrain (2) ; d'autres fois, au contraire, dans leur retraite également imperceptible, elles laissent à découvert une partie du sol qui formait leur lit ; la première opération a pris le nom de lais, la seconde celui de relais ; toutes deux sont comprises dans le terme générique d'alluvion (3) ; il faut bien se garder de la confondre avec l'atterrissement (4) : la lenteur insensible de sa formation, est le caractère de l'une, la soudaineté, celui de l'autre ;

---

(1) Henrys.
(2) Institutes , de rerum divisione, § 20.
(3) Art. 556, 557, Code civil.
(4) Art. 561, Code civil.

celui-ci devient en général la propriété de l'État,
celle-là appartient aux riverains. La loi, en attribuant à ces derniers l'alluvion, ne leur a donné
le droit ni d'en faciliter, ni d'en provoquer la
formation par des travaux, car cette opération
aura presque toujours pour effet de rejeter les
eaux sur la rive opposée à celle où se forme
l'alluvion et d'y augmenter leur force dévasta-
trice. Aussi pensons-nous, avec MM. Chardon (1)
et Proudhon (2), qu'en principe l'alluvion doit
être l'œuvre de la nature seule, en laissant, toutefois, aux tribunaux l'appréciation de la question
de savoir si les travaux qui ont concouru à cette
agglomération ont pu nuire aux autres riverains.

69. Ce point acquis, nous avons à nous demander quand l'alluvion est véritablement formée.
Nous pensons que, pour qu'elle existe, il faut que
le sol dont elle se compose, sortant pendant la
plus grande partie de l'année des eaux du fleuve,
soit déjà capable de supporter une végétation en
rapport avec celle des bords du fleuve ; jusque-là
l'administration pourra l'enlever sans indemnité ;
bien plus, il rentre dans ses pouvoirs de concéder
à d'autres qu'aux riverains, ces parties du lit du
fleuve qu'à l'aide d'endiguage on soustrait aux
eaux, et de leur enlever ainsi l'espérance de l'alluvion (3).

---

(1) Traité de l'alluvion, n°ˢ 49 et suiv.
(2) Domaine public, n°ˢ 740, 1015 et 1266.
(3) Art. 6, ord. du 8 juin 1832.

70. Il faudra distinguer aussi avec soin l'île et l'alluvion riveraine; la première est la propriété de l'État, la seconde celle des propriétaires des héritages qui bordent les eaux. Si le fleuve a déjà abandonné la dépression qui sépare le terrain nouvellement formé et le bord de la rive, s'il n'y a laissé que des flaques d'eau dormante, la question n'existe pas, et la propriété des riverains sera reconnue. Bien plus, s'il y a encore un courant d'eau dans cette déclivité, mais si les bateaux n'y peuvent pénétrer, et qu'il soit facilement guéable, nous pensons que, par une interprétation favorable, on doit décider que c'est là une alluvion riveraine (1). Il est bien entendu du reste que l'administration, qui peut faire tous les travaux qu'elle veut dans les rivières navigables et flottables, qui peut supprimer une espérance d'alluvion, peut aussi faire des ouvrages de nature à transformer en une île le terrain qui allait devenir une alluvion riveraine.

Quelle que soit la rive, quels que soient les riverains, l'alluvion appartient toujours au propriétaire du fonds limitrophe des eaux : « *quem sequuntur commoda eumdem sequi debent et incommoda.* » Peu importe que des rochers, qu'une falaise borde le fleuve; la loi ne distingue pas (2), et nous repoussons complétement le système de cet auteur (3)

---

(1) Daviel, 131.
(2) Daviel, 134, 135.
(3) Houard, anc. lois franç., préf., p. 24.

qui, transportant dans notre droit les dispositions prises par les jurisconsultes romains pour les
agri limitati, ne reconnaît pas l'existence du droit
d'alluvion au profit de ceux dont les fonds sont
bornés par des murailles, des haies et autres
moyens de délimitation; bien plus, nous pensons
que pour les concessions d'atterrissement faites
par le gouvernement, on doit appliquer le droit
commun et ne pas suivre les règles exceptionnelles du droit romain.

71. Nous ne distinguons pas non plus quel est
le propriétaire riverain, et, en supposant qu'un
chemin public se trouve sur la rive du fleuve,
nous n'hésitons pas à attribuer l'alluvion à son
propriétaire, à l'État si c'est une grande route,
au département si c'est une route départementale,
à la commune si c'est un chemin communal (1).
Beaucoup d'auteurs (2) combattent cette décision,
en disant qu'originairement le chemin a été pris
sur le fonds riverain. Cela est vrai, mais qu'importe? Une expropriation pour cause d'utilité
publique est intervenue, ce qui est resté de l'héritage exproprié en partie n'a plus à craindre
les incursions du fleuve, le fonds n'est plus riverain, il ne doit plus profiter du voisinage des eaux.
Nous croyons que ces auteurs se sont laissé in-
fluencer par d'anciens arrêts qui consacrent leur
doctrine; mais c'est qu'alors les chemins, établis

____

(1) Daviel, 133.
(2) Entre autres Vinnius, in inst. rerum divis., § 22.

sans indemnité sur les héritages riverains , devaient être entretenus par leurs propriétaires, en sorte qu'ils constituaient plutôt une servitude qu'une propriété nationale, et alors ceux qui possédaient ces fonds restant riverains il était juste de leur concéder l'alluvion.

72. Il peut ici se présenter un cas assez difficile : c'est pour le partage à opérer quand une alluvion s'est formée le long d'une rive possédée par plusieurs propriétaires. On a présenté un grand nombre de systèmes ; l'un d'eux, très séduisant au premier abord, et d'une exécution facile, propose de prolonger sur le terrain de formation nouvelle les lignes séparatives des héritages : il doit être rejeté. En effet, en supposant que parmi ces lignes il y en ait de divergentes et de convergentes, le partage serait inique. C'est d'après le front que la rive présente au fleuve que le fonds est soumis à la force destructive de l'eau, c'est d'après ce même front qu'il doit en recueillir les avantages ; aussi partagerons-nous l'alluvion en traçant, des limites de chaque héritage, des perpendiculaires au milieu du lit du fleuve (1). Il est évident, du reste, qu'ici se retrouvera l'application des règles sur la prescription au profit d'un tiers non riverain qui se serait emparé de l'alluvion.

______

(1) M. Proudhon, domaine public, 1291.

CHAPITRE II.

DES RIVIÈRES NON NAVIGABLES NI FLOTTABLES.

Propriété.

73. La question la plus controversée que présente la matière que nous traitons est sans contredit celle de savoir à qui l'on doit attribuer la propriété des cours d'eau qui ne sont ni navigables ni flottables. Un grand nombre d'auteurs distingués s'en sont occupés et ont embrassé des sentiments divers; mais comme leurs arguments se reproduisent presque toujours les mêmes, nous nous bornerons à présenter ceux qu'ont fait valoir quatre jurisconsultes qui ont porté une attention spéciale sur ce sujet de tant de controverses. M. Proudhon (1) et M. Rives (2) ont proclamé en principe que les rivières non navigables ni flottables devaient faire partie du domaine public; tandis que MM. Troplong (3) et Daviel (4) professent la doctrine contraire, et tiennent que ces cours

---

(1) Domaine public, tom. 2, n° 959, 938, 944, 946.
(2) De la propriété du cours et du lit des rivières non navigables et non flottables.
(3) Sur la prescription, tom. 2, p. 145.
(4) Traité de la législation et de la pratique des cours d'eau, tom. 2, p. 1.

d'eau appartiennent aux riverains. Analysons d'abord le système des deux premiers.

74. Il faut tout d'abord délimiter le terrain de la discussion. Il ne s'agit pas, dans la pensée des deux premiers auteurs que nous venons de citer, des ruisseaux, mais seulement des petites rivières (1). La nature semble les avoir distingués elle-même, et c'est seulement de ces dernières qu'il convient de nous occuper. Ceci posé, voyons comment doit être résolue la question d'après la raison, les législations anciennes, les discussions dont nos lois sont sorties, et nos lois elles-mêmes.

75. En raison, il est évident que l'eau courante a été rangée par le créateur au nombre de ces choses communes (2) que leur perpétuel renouvellement rend inépuisables en même temps qu'il répond à l'incessant besoin de chacun; si donc on veut considérer les eaux courantes sous ce rapport, il faut convenir qu'elles sont même au-dessus du domaine public, si nous pouvons nous exprimer ainsi, car elles n'entrent dans le patrimoine d'aucun peuple et sont la propriété du genre humain tout entier.

Si nous voulons les envisager comme formant des cours d'eau propres à transporter les hommes et les marchandises, assimilés aux grands chemins, ces

---

(1) Proudhon, domaine public, n° 932.
(2) Institutes, liv. 2, tit. 1, § 1.

fleuves doivent comme eux, et pour les mêmes
raisons, faire partie du patrimoine de la nation
dont ils parcourent le territoire; enfin, si c'est
par rapport à leur utilité plus intime, c'est-à-dire
comme un de ces puissants moteurs que le génie
de la civilisation a su substituer à la main de
l'homme dans des travaux trop pénibles, que
nous les considérons; si nous ajoutons que cette
force indispensable pour l'industrie est un principe de production pour l'agriculture, nous plaçant au-dessus des textes législatifs et dans la
sphère de la théorie, nous arrivons à cette con-
clusion : — qu'il faut ranger parmi les attributs de
la puissance sociale le droit, — soit de départir
dans l'intérêt de la prospérité de tous et cette
puissance qui met en mouvement l'usine, où tant
de bras vont trouver le travail, et ce principe de
végétation dont l'emploi, en rendant l'agriculture
plus prospère, met à la portée de chacun ses
meilleurs produits, — soit de conserver ces eaux,
afin que, réunies en masses plus considérables,
elles puissent être tournées à un avantage plus général encore. Rappelons-nous, en outre, que tout
se modifie ici-bas pour arriver quelquefois aux
changements les plus complets; et il est nécessaire
que, répondant aux nouveaux besoins qui se ma-
nifestent dans la société, l'autorité publique
puisse leur accommoder les forces que la nature
a destinées à leur satisfaction. C'est ainsi qu'exclusivement consacrées, dans les temps d'une
civilisation peu avancée, à l'irrigation et aux

exigences de l'agriculture , les eaux ne doivent plus appartenir sans partage à celle-ci, depuisque l'industrie est née à côté d'elle, et à mesure qu'elle se développe. Depuis trente ans, la force hydraulique mieux employée a permis de quintupler la production manufacturière au grand avantage de la prospérité publique (1).

76. Dirons-nous encore que les eaux , si souvent utiles, sont quelquefois la cause des plus grands malheurs? Tantôt leur force irrésistible entraîne tout ce qu'elle rencontre sur sa route , et dévaste les contrées qu'elles fertilisaient tout à l'heure ; tantôt, amassées et stagnantes, elles produisent ces maladies pestilentielles qui déciment les populations voisines. Pour prévenir ces dangers , pour éviter ces désastres , il fallait encore confier au pouvoir public la suprême administration des eaux.

76 *bis*. Dès l'origine des sociétés , ces vérités ont été appréciées ; aussi les eaux courantes furent-elles toujours prises comme limites des héritages, sans être comprises dans leur étendue. Jamais les relations qui naissent du voisinage n'ont été imposées aux fonds bordés par elles , et toutes les législations anciennes se sont accordées pour les considérer comme faisant partie du domaine public.

77. La législation romaine, pour ne pas parler

---

(1) M. Nadault de Buffon , tom. 2, p. 497.

des autres, rangeait tous les cours d'eau dans le domaine public (1) et les comparait aux agents du fisc. Ils font, dit la loi, public ce qui est privé, et privé ce qui est public (2); le lit de la rivière est considéré aussi comme un terrain public (3). L'action en partage est refusée aux propriétaires séparés par une rivière, par la raison que leurs fonds n'ont aucun point de contact (4); et peu importe que le fleuve soit public on non (5); mais en même temps le ruisseau est excepté du domaine public (6).

Si nous voulons, maintenant, nous arrêter à notre ancien droit français, nous rencontrons partout la doctrine romaine en vigueur : de nombreuses concessions faites par les rois et les seigneurs attestent suffisamment qu'alors la question n'était pas douteuse (7).

78. Mais c'est au moment de la grande époque de 1789 qu'il faut voir comment elle s'est présentée et comment elle a été résolue. La féodalité venait d'être renversée dans la célèbre nuit du 4 au 5 août; l'Assemblée constituante chargeant ses comités de déterminer à qui devaient passer les droits

---

(1) Institutes, de rerum divisione, § 2.
(2) Loi 30, § 3 *in fine*, ff., de adquirend. rer. dominio.
(3) Loi 1, § 7, ff., de fluminibus.
(4) Loi 4 *in fine*; loi 5, ff., finium regundorum.
(5) Loi 1, § 2, ff., ne quid in flumine publico.
(6) Loi 6, ff., finium regundorum.
(7) Le comte du Buat, maximes du gouvernement monar-

que ce grand acte laissait vacants, un de ses rap-
porteurs, M. Arnoult, député de Dijon, s'exprimait
ainsi, après avoir divisé les cours d'eau, d'après
leur utilité diverse, en fleuves navigables, en rivières ordinaires, en simples ruisseaux (1) :

« Nécessaires aux besoins de tous, disait-il, *ces*
« *rivières*, non plus que les fleuves, ne peuvent
« être la propriété d'un seul; envahies par les
« seigneurs justiciers au même titre et de la
« même manière que les fleuves navigables,
« comme eux elles doivent rentrer dans la main
« de la nation; elles ne peuvent pas même ap-
« partenir à une communauté d'habitants, puis-
« qu'elles formeraient alors une propriété parti-
« culière et spéciale. »

Et plus loin : « Si les eaux des fleuves ne
« peuvent être la propriété exclusive d'un indi-
« vidu, parce qu'elles sont nécessaires aux be-
« soins de tous, le lit qui les contient, ne pouvant
« être séparé d'elles, ni se prêter à l'usage ex-
« clusif de personne, est, ainsi qu'elles, la pro-
« priété de tous. »

L'Assemblée renvoya la discussion à la pro-
chaine législature, tout en rendant hommage à
la justesse de ces idées.

Au nom du comité des domaines, M. Enjubault

---

chique, II, 237 *in fine;* Coutumes du Bourbonnais, de Sens, etc.;
Lettres patentes des 13 juin, 28 sept. 1613 et 14 janv. 1614.

(1) Séance du 23 avril 1791; tom. 53 des procès-verbaux de
l'Assemblée nationale.

eut à proposer aussi les principes de cette matière devant la même assemblée; son langage
n'est pas moins clair (1) :

« Ce domaine éminent, dit-il en parlant du
« domaine public, qui ne diffère de la puissance
« publique que comme la cause diffère de son
« effet, lui assure la propriété directe de toutes
« les portions du territoire qui, par leur nature
« ou leur destination, ne peuvent appartenir à
« personne en particulier, et de celles encore qui
« demeurent vacantes et sans maître. Les grands
« chemins, les fleuves, les rivages de la mer, etc.,
« sont de la première classe; les biens vacants
« et les successions délaissées faute d'hoirs sont
« compris dans la seconde. L'effet naturel de la
« propriété publique sur ces objets est d'attirer,
« de confondre en elle-même la propriété privée.
« Notre Code législatif a adopté ces maximes.
« L'ordonnance de 1669, l'édit de 1710, adjugent
« à l'État les rivages et relais de la mer, et,
« avant vos décrets, le simple haut justicier
« jouissait de plusieurs prérogatives de la même
« nature dans l'étendue de sa haute justice, parce
« qu'il était dépositaire d'une portion de la puis-
« sance publique sur ce territoire; il exerçait à
« ce titre des droits de propriété sur les chemins
« publics, *les petites rivières*, les terres vaines
« et vagues, etc. »

-----

(1) Moniteur, n. 313 et 314.

« On a objecté, continue le rapporteur, qu'en
« plaçant les fleuves et *les rivières* dans la classe
« des objets domaniaux, il pourrait en résulter
« des prétentions contraires aux droits et aux
« intérêts des propriétaires riverains ; je réponds,
« au nom de votre comité , que ces objets sont
« domaniaux de leur nature, et en vertu des lois
« sous l'empire desquelles nous avons vécu jus-
« qu'ici ; l'article qu'il vous propose, Messieurs,
« n'est pas introductif d'un droit nouveau, et ces
« objets appartiendraient à la nation, quand le
« décret garderait à cet égard un silence absolu ;
« il ne peut donc y avoir d'inconvénient à énon-
« cer une vérité qui existe par elle-même ; la
« prudence, au contraire, exige de commencer
« par la reconnaître , et de prendre des précau-
« tions pour empêcher qu'on n'en abuse. Ainsi,
« en déclarant que les *fleuves et les rivières appar-*
« *tiennent à la nation*, on peut en *excepter*, par
« une disposition formelle, *les alluvions, les atter-*
« *rissements, les îles même*, si on le juge convc-
« nable. »

L'Assemblée constituante fut plusieurs fois à
même d'appliquer les conséquences de ces principes ; elle le fit sans hésitation. C'est ainsi que la
loi des 12-20 août 1790, par exemple , chargea
les administrations de département de rechercher
et d'indiquer le moyen de procurer le libre cours
des eaux, d'empêcher que les prairies ne fussent
submergées par la trop grande élévation des
écluses, des moulins , et par les autres ouvrages

d'art établis sur les rivières, de diriger autant qu'il était possible les eaux, dans leur territoire, vers un but d'utilité générale, d'après les principes de l'irrigation (1).

La Convention eut aussi à se prononcer sur cette grave question. Le projet de Code civil ne rangeait parmi les choses du domaine public que les *rivières navigables*; M. Cambacérès proposa un amendement qui y faisait entrer les *rivières tant navigables que non navigables et leurs lits.* Cet amendement fut adopté (2).

Il est donc nécessaire de reconnaître que dans la pensée de ces grandes assemblées, les riverains ne furent pas ici les successeurs des seigneurs féodaux, que la propriété des cours d'eau qui nous occupent ne leur fut pas concédée. Le Code civil a-t-il voulu la leur attribuer? Interrogeons la discussion des articles qui s'occupent de la matière.

79. Remarquons tout d'abord que s'il eût voulu donner aux riverains cette propriété, il eût fallu un texte positif pour le déclarer; en effet, ses rédacteurs avaient assisté eux-mêmes aux discussions

---

(1) Loi des 3 et 12 juin 1791; loi des 30 avril et 6 mai 1792; loi du 6 septembre 1792; loi du 18 décembre 1792; loi du 27 mai 1795.

(2) Séance du 6 août 1793; procès-verbal de l'Assemblée, tom. 20, p. 165.

que nous venons de rapporter, et y avaient même pris part (1). Ils devaient avoir présent à la pensée ce rapport de M. Enjubault : « *Ces objets (les rivières)* « *sont domaniaux de leur nature et en vertu des lois* « *sous lesquelles nous avons vécu jusqu'ici. L'article* « *que votre comité vous propose, Messieurs, n'est donc* « *point introductif d'un droit nouveau, et ces objets* « *appartiendraient à la nation quand le décret gar-* « *derait à cet égard un silence absolu* (2). » On pourrait donc déjà argumenter du silence même du Code pour soutenir la domanialité des cours d'eau. Mais la discussion de ses articles dévoile bien mieux la pensée tout entière de ses rédacteurs. Elle s'ouvre là où la question se présentait dans tout son intérêt (3) au sujet des îles, îlots, atterrissements qui se forment dans les petites rivières. A qui appartiendront ces parties du lit qui apparaissent à la surface des eaux ? Tel est le point en litige.

M. Jollivet dit que l'article prononce sur une question qui est encore controversée, car les ordonnances ne décident pas que les îles et îlots appartiennent à la nation.

M. Treilhard répond que la question est déjà

---

(1) MM. Tronchet, Emmery, Regnaud représenta ent la Constituante ; M. Bigot-Préameneu, la Législative ; M. Berlier, la Convention ; M. Siméon, les Cinq-Cents ; M. Portalis, les Anciens ; MM. Treilhard et Cambacérès avaient fait partie de plusieurs assemblées.

(2) Voir plus haut.

(3) Locré, VIII, p. 118, 119.

résolue puisque le conseil a déjà décidé que le lit
des rivières navigables et flottables appartient au
domaine national ; il a nécessairement décidé
aussi que les îles et îlots qui font partie du lit sui-
vent le sort de la chose principale.

Plus loin, M. Jollivet dit que cependant, avec
l'article proposé , le domaine dépouillera même
ceux dont la propriété repose sur l'autorité de la
chose jugée.

M. Tronchet réplique que cet inconvénient est
impossible, car l'Assemblée constituante a déclaré
le domaine aliénable et prescriptible. « Quant à
la principale question , ajoute-t-il, *on a dit avec
raison qu'elle était décidée, car il ne peut y avoir
deux principes contraires ; cependant les îles et
îlots dans les rivières non navigables* sont des objets
de si peu d'importance qu'il n'y a peut-être aucun
intérêt à les disputer aux particuliers. »

N'est-ce pas là un souvenir de cette pensée de
M. Enjubault (1) : *Tout en déclarant que les fleuves
et les rivières appartiennent à la nation, on peut
en excepter par une disposition formelle les alluvions, les atterrissements, les îles même, si on le juge
convenable.*

Puis M. Treilhard développe le même système.
« D'après l'art. 538, dit-il, le lit des fleuves n'est
pas susceptible de propriété privée, mais il ne

---

(1) Voir plus haut.

s'ensuit pas que les morceaux de terre qui se placent au milieu ne puissent appartenir à des particuliers, et sous ce rapport devenir prescriptibles. » Cette remarque est reprise par M. Faure, qui, voulant justifier pourquoi les îles et atterrissements dans les rivières navigables et flottables appartiennent à l'État, tandis que dans les autres cours d'eau elles sont attribuées aux riverains, s'exprime ainsi : « Cette distinction est fondée sur ce que les rivières de la première classe *sont d'une bien plus haute importance* pour l'État, à cause de l'intérêt du commerce, et que rien de ce qui se forme au milieu de leur cours ne doit être étranger au domaine public (1). »

Enfin, quand on fut arrivé à la discussion de l'art. 563, au sujet de l'attribution du lit abandonné par le fleuve, M. Cambacérès fit décider qu'il fallait en gratifier à titre d'indemnité le propriétaire des héritages actuellement occupés par le fleuve, parce que l'équité milite surtout pour ceux que le changement du cours du fleuve dépouille de leur propriété (2).

D'après ces discussions, on voit que les rédacteurs du Code ont considéré la question qui nous occupe comme décidée, soit par des monuments antérieurs, soit par l'art. 538. S'ils attribuèrent aux riverains les îles et atterrissements des ri-

______

(1) Locré, VIII, p. 186.
(2) Locré, VIII, p. 128, 129.

vières non navigables ni flottables, c'est parce que ces objets leur parurent de si peu d'importance, qu'il n'y avait à leurs yeux aucun intérêt à les disputer aux particuliers; puis ils disposent du lit abandonné comme à titre d'indemnité pour une expropriation faite par le fleuve lui-même.

80. Sans avoir recours aux renseignements historiques que nous venons d'exposer, on a voulu démontrer, à l'aide des principes généraux seulement et des textes, que les rivières non navigables ni flottables faisaient partie du domaine public. En effet, dit-on, la propriété, d'après l'art. 544 du Code civil, est le droit de jouir et de disposer de la manière la plus absolue; or, les riverains ne peuvent jouir des eaux, ils ne peuvent faire des barrages propres à faciliter le roulement d'une usine, ils ne peuvent irriguer leurs fonds sans l'intervention de l'administration qui surveille leurs travaux. Ils ne sauraient en disposer, car l'art. 644 leur fait une obligation de les rendre à leur cours naturel à la sortie de leurs fonds (1). Ils n'ont pas une propriété mieux établie sur le tréfonds de la rivière, car ici, il ne peut être question que de la disposition de ce sol; or il résulte des termes de la loi du 22 janvier 1808, qu'en cas de déclaration de navigabilité d'un cours d'eau jusque-là non navigable, l'indemnité ne doit être accordée que pour le marche-

---

(1) M. Proudhon, domaine public, n° 956.

pied ou le chemin de halage; en sorte que le sol occupé par les eaux courantes, qui du reste ne paie pas de contribution , ne saurait être compris dans l'expropriation pour cause d'utilité publique. Ajouterons-nous que l'art. 563 dispose du sol abandonné comme de la propriété de l'Etat, et qu'enfin, même dans l'hypothèse de l'art. 561, qui semble, pour les îles et atterrissements, attribuer à chacun des riverains une moitié du lit, ce partage est complétement modifié, quand il se forme une île du côté d'un seul riverain, qui a dès lors l'espérance de profiter de celles qui viendraient à naître jusqu'à la moitié du nouveau bras formé par cette île nouvelle (1)?

81. Malgré les arguments que nous avons essayé de mettre en lumière , certains auteurs tiennent pour la propriété des riverains; il faut distinguer, disent-ils, l'eau considérée comme élément, comme chose commune, et ce liquide se renouvelant sans cesse et capable, dans sa continuité, de mettre en mouvement des usines, de procurer aux héritages riverains les avantages de l'irrigation. Envisagée sous le premier point de vue, l'eau n'est pas susceptible de propriété; envisagée sous le second rapport, ce droit peut s'établir sur elle; sans doute il ne sera pas aussi entier, aussi plein, que s'il reposait sur autre chose; mais

----

(1) Code civil, art. 561.

on ne doit pas moins le considérer comme un droit de propriété, modifié suivant la nature des eaux, qui s'oppose à ce qu'un droit plus étendu, plus large, puisse reposer sur elles. Il faut donc restreindre le droit des riverains, en accordant au pouvoir social toute la puissance nécessaire pour réglementer les eaux (1).

82. Dans notre ancien droit français, les seigneurs, selon qu'ils avaient été plus ou moins puissants, avaient absorbé la propriété complète des cours d'eau, ou avaient dû se contenter des attributions de police que leur conférait leur titre de haut justicier. En sorte que si dans certains pays ils étaient considérés comme propriétaires des rivières, dans d'autres ils n'avaient sur elles que des attributions administratives (2). L'Assemblée constituante n'a rien décidé sur la question par un texte précis (3). C'est donc sur le terrain des articles du Code civil, car les discussions qui l'ont précédé ne sont pas probantes à nos yeux, qu'il faut porter la discussion. Et, d'abord, nos adversaires ont tort d'invoquer dans leur sens le silence de la loi; car si le Code ne parle pas des rivières non navigables ni flottables, il s'explique pour celles qui le sont, et déclare formellement

---

(1) Daviel, tom. 2, n° 350.

(2) Daviel, tom. 2, n° 534 *in fine*.

(3) Daviel, tom. 2, n° 535.

qu'elles font partie du domaine public (1) ; ici l'argument *a contrario* se présente de lui-même et dans toute sa force. Ensuite les cours d'eau se présentent comme une servitude dérivant de la situation des lieux, servitude qui laisse entiers les droits du propriétaire du sol (2), propriété confirmée du reste au profit des riverains par l'art. 561, qui attribue à chaque riverain les îles qui viennent à se former dans la moitié du fleuve qui lui est limitrophe. Enfin les rédacteurs, résumant leur théorie générale dans l'art. 645, recommandent aux tribunaux, dans les contestations qui pourront intervenir sur l'usage des eaux, de concilier les intérêts de l'agriculture avec le respect dû à la propriété (3); ces derniers mots sont péremptoires.

Si ces textes ne suffisaient pas, ajoutent ces auteurs, nous pourrions invoquer la discussion de la loi du 15 avril 1829 et ses dispositions mêmes ; dans les débats auxquels elle a donné lieu on a remarqué que le droit de pêche était un attribut de la propriété, et malgré l'opposition du ministre et sur cette observation, la loi l'a accordé au riverain (4).

83. Que décider au milieu de ces arguments également sérieux? Qu'il nous soit permis d'expri-

---

(1) Art. 538, Code civil.
(2) Art. 643 et suiv., Code civil.
(3) Daviel, tom. 2, n. 536.
(4) Moniteur de 1828, n. 160 et 164.

mer notre pensée avec toute la discrétion qui convient dans une question qui partage les meilleurs esprits. Si l'on embrasse l'opinion que nous avons présentée d'abord, c'est-à-dire si l'on considère que les petites rivières font partie du domaine public, comment expliquer, par exemple, que les îles et atterrissements qui s'y forment soient la propriété des riverains? que le droit de pêche leur soit attribué? Ce sont là des conséquences de la propriété du lit du cours d'eau. Mais, d'un autre côté, si l'on embrasse le système de la propriété des riverains, comment concevoir que la contribution foncière ne pèse pas sur ces cours d'eau? qu'en cas de déclaration de navigabilité, aucune indemnité ne soit due aux riverains ? Si l'on nous pressait de nous décider, en rappelant toutes les réserves que nous avons faites et sans distinguer les petites rivières et les ruisseaux, nous nous prononcerions en faveur du domaine public, parce que le second système crée, au profit des riverains, une propriété *sui generis* que nous ne concevons pas parfaitement, parce que l'argument qu'on tire de l'attribution des îles et du droit de pêche nous semble la suite de cette pensée qu'il est peu important pour l'État de les disputer aux particuliers ; parce que la discussion de la loi du 15 avril 1829, sur un point spécial, n'a pas permis au législateur d'envisager la question dans toute sa généralité; parce qu'enfin, dans ses résultats, la première théorie nous semble préférable.

84. *Pente*. — Une fois la question de la propriété des rivières non navigables ni flottables résolue, on comprend que la solution d'un grand nombre de difficultés résulte du système adopté. Avant de les examiner une à une, il faut donner la théorie générale à l'aide de laquelle il sera facile d'arriver à une décision juste et équitable. Dans ces controverses, les partisans de la domanialité, exagérant leur système, veulent que même entre particuliers le droit ne puisse se baser vis-à-vis de chacun que sur un acte de l'autorité publique (1), tandis, au contraire, que ceux qui tiennent pour la propriété des riverains ne donnent qu'un simple droit de surveillance à l'administration (2).

85. Quant à nous, voici la théorie que nous proposerions. En cette matière il y a deux relations bien différentes à distinguer : la première, entre les riverains, la seconde, entre celui d'entre eux qui a joui de la chose du domaine public, et l'administration elle-même ; dans le premier cas, les conventions qui peuvent intervenir sont obligatoires entre les contractants, indépendamment de toute question de propriété, et comme obligations personnelles ; la prescription peut ici

---

(1) M. Proudhon, domaine public, 1187.

(2) Daviel, *passim*, liv. 2, chap. 1, sect. 1 ; ajoutez le chap. 2.

fonder des droits, mais ils seront toujours renfer-
més dans les limites de cette relation première ;
en sorte que ceux du gouvernement restent tout
entiers, et qu'il n'a, dans son action, pour limites,
que le respect dû aux propriétés riveraines, et
que les concessions qu'il a déjà faites ou dont il
a reconnu la validité. Vis-à-vis de lui, les conventions entre les riverains sont *res inter alios
acta,* en même temps que la prescription ne saurait lui être opposée, car le domaine public est
inaliénable et imprescriptible. Les contestations
juridiques que les premières relations feront naître seront du ressort des tribunaux civils ; les
tribunaux administratifs décideront la question
de savoir si l'établissement a une existence légale ;
enfin, si des droits résultant de conventions entre
les riverains, ou de prescriptions, étaient lésés
par les dispositions souveraines de l'administration, il y aurait lieu à dommages-intérêts appréciés par les tribunaux.

86. La première difficulté dont il faut parler
immédiatement après la solution de la question
de la propriété des rivières non navigables ni
flottables, car elle s'y rattache de la manière la
plus intime, est celle de savoir à qui appartient
la pente de l'eau. D'après ce que nous avons déjà
dit, on doit bien penser que nous l'attribuons à
l'État. En effet, si l'administration doit veiller au
libre écoulement des eaux, si elle doit les diriger

dans un intérêt général et suivant les règles de l'irrigation, si elle doit en arrêter le niveau, si, enfin,
elle peut en faire des concessions diverses (1);
comment ne lui donnerait-on pas les moyens de
modifier à son gré le sol sur lequel glissent les
rivières? Comment conçoit-on qu'elle concède une
usine qui n'est rien, qui ne peut rien être sans la
force motrice qui doit la mettre en activité? Aussi
la cour de cassation, frappée de ces considérations,
a-t-elle rangé la pente des cours d'eau « dans la
classe des choses qui, suivant l'art. 714, n'appartiennent primitivement à personne, dont l'usage,
commun à tous, est réglé par des lois de police (2). »
Enfin, ce serait résister à l'évidence, que de ne pas
conclure de l'art. 563 la propriété de l'État sur la
pente des eaux; et faut-il ajouter qu'en la considérant comme la propriété des riverains, il arri-
verait encore que chacun d'eux, voulant utiliser
la pente qui existe devant son héritage, la plus
grande force mise par la nature au service de l'industrie serait annihilée par un fractionnement
déplorable, ou qu'un riverain, en se refusant à
aliéner la pente en faveur de celui qui aurait obtenu une concession, rendrait inutile cette concession même.

87. Telle est la règle entre l'État et les rive-

---

(1) Loi des 12 et 20 août 1790.
(2) Cassat., 14 février 1833.

rains; mais, en général, ces derniers jouissent les uns à l'égard des autres de la moitié des rivières qui bordent leurs héritages ; c'est la suite d'une convention tacite, à laquelle des conventions expresses ou la prescription peuvent déroger. Ainsi, un riverain peut s'engager vis-à-vis d'un autre, à le laisser jouir de toute la largeur du cours d'eau, à tolérer un barrage, à lui laisser absorber toute l'eau; mais ce sont là des relations personnelles, analogues à celles qui existaient dans le droit romain pour les servitudes créées sur les fonds provinciaux (1). La prescription courra à partir des travaux fixes qui auront été faits (2). Tout cela ne préjudicie en rien aux droits de l'État, qui ne doit respecter que les barrages dont il a autorisé la construction, qui peut faire détruire tous les autres, sans indemnité, pour l'utilité des concessions qu'il fait. Si l'on opposait à l'administration que le barrage est autorisé, ce serait au conseil de préfecture à décider la question. Enfin, s'il arrivait que le concessionnaire fût précisément celui qui, vis-à-vis de ses coriverains, se serait obligé à ne rien faire sur la rivière, les tribunaux apprécieraient.

88. La propriété de la pente d'un cours d'eau n'est pas pour l'État l'unique résultat de celle des

---

(1) Institutes, liv. 2, tit. 3, § 4.
(2) Rouen, 12 janv. 1841.

rivières ; celle-ci produit encore d'autres droits ; en les étudiant nous allons voir se confirmer nos principes et se développer dans son ensemble la théorie que nous exposions tout à l'heure. L'administration a de nombreux devoirs en cette matière, ils sont corrélatifs à ses droits; elle doit veiller à la conservation des rivières (1), à procurer le libre cours des eaux (2), dont elle fixe la hauteur (3); la police de la pêche (4), la répartition de l'impôt levé pour l'entretien et la réparation des digues entre les parties qui en profitent, rentrent dans ses attributions. C'est en vertu de la loi du 14 floréal an XI, art. 2, et au moyen de règlements, qu'elle arrive à remplir sa mission. Trois autorités, suivant des distinctions qui n'étaient pas parfaitement établies, au moins entre les deux dernières, concouraient à procurer ce service. S'agissait-il de la police de la pêche ou d'un règlement d'usine, c'était le chef du pouvoir exécutif qui prononçait dans la forme des règlements d'administration publique. S'agissait-il d'un curage, de la fixation des jours et heures d'arrosement, le préfet était compétent (5); enfin, si c'était un motif de salubrité qui provoquait l'action

----

(1) Loi du 22 décembre 1788.
(2) Loi des 12 et 20 août 1790, ch. 6.
(3) Loi du 6 octobre 1791, tit. 2, art. 16.
(4) Loi du 15 avril 1829.
(5) Cassat., 24 août 1843 ; 15 nov. 1838, 5 déc. 1842.

administrative, les arrêtés municipaux avaient
force de loi. Pendant longtemps on a attaqué l'intervention du chef du pouvoir exécutif en cette
matière, et le décret du 27 mars 1852 est venu
donner raison à ces attaques; les préfets sont aujourd'hui seuls compétents. Leurs arrêtés, qu'ils
interviennent en l'absence ou pour l'abrogation des
anciennes coutumes, ne doivent jamais être basés
que sur l'intérêt de tous et jamais sur celui d'un
particulier; cette règle est la première que l'on
doive observer; elle a été souvent rappelée (1).
Rendus dans ces conditions, ils accordent des
concessions (2), ils rétablissent la largeur primitive des rivières en expropriant les riverains, si
les îles, alluvions et atterrissements étaient complétement formés; ils en distribuent les eaux
sans respecter ni les dérivations des riverains ni
les usines qui n'ont pas une existence légale (3);
alors même que ces derniers établissements ont
une existence légale, leur destruction n'entraîne
pas toujours une indemnité; il en serait ainsi
dans le cas où leur suppression deviendrait nécessaire à cause de changements naturels qui,
survenus dans le cours du fleuve, les rendraient
dangereux, la concession n'ayant pu être faite

----

(1) Voir plus haut.
(2) Décret du 27 mars 1852.
(3) Conseil, 28 février, 15 décemb. 1809 ; id. 18 mai 1812 ;
id., 11 août 1824 ; id., 24 janv. 1834.

que sous la réserve de l'intérêt de tous (1); si ces changements ont seulement pour cause une amélioration que l'administration se propose de réaliser dans le lit du cours d'eau, des indemnités seront (2) dues. Du reste, et confirmant notre doctrine, presque toutes les ordonnances royales qui, jusqu'ici, réglaient les cours d'eau non navigables ni flottables, contiennent une clause ainsi conçue :

« Le présent règlement d'administration pu« blique ne préjudicie en rien sur les droits de
« possession et de propriété que les riverains et
« autres particuliers pourraient se croire fondés
« à prétendre sur ce point. La connaissance des
« difficultés élevées appartient exclusivement aux
« tribunaux (3) », réserve qui est faite, non pas contre le règlement lui-même, qui ne saurait être attaqué par voie contentieuse (4), mais bien contre les particuliers concessionnaires, et au profit de tous autres prétendant droit.

---

(1) Conseil, 26 août 1824, 4 juillet 1827, 24 janvier 1834, 21 décembre 1837; M. Proudhon, domaine public, n°s 1169 et suivants.

(2) Conseil, 20 nov. 1815 ; Chardon, de l'alluvion, n° 83 ; M. Nadaud, des usines, tom. 2, p. 61 à 77.

(3) Ord. du 15 mars 1822.

(4) Conseil, 22 déc. 1824, 23 août 1836 ; Cormenin, quest. administ., 3ᵉ édit., t. 2, p. 48.

89. Quand des travaux intéressant plusieurs riverains ont été faits en vertu d'un règlement, un syndicat est en général nommé pour veiller à leur conservation (1); sous lui, des gardes sont établis pour la surveillance et la distribution des eaux (2); les frais qu'entraîne cette administration sont couverts par une cotisation répartie suivant certaines bases indiquées entre toutes les parties; elle est perçue comme les contributions publiques (3).

90. Tels sont en général les pouvoirs de l'administration. Nous allons considérer comment il en use dans les concessions qu'il peut faire aux riverains. Le droit d'irrigation est consacré au profit de ces derniers par l'art. 644 du Code civil; mais suivant la tradition de l'ancien droit, sous lequel les seigneurs faisaient des concessions de barrage qui, ainsi que les possessions fondées sur une prescription antérieure à 1789, doivent être respectées, l'administration a presque partout subordonné ce droit à une autorisation accordée par des arrêtés préfectoraux. Du reste, ces concessions comprennent tout ce qui est indispensable à la jouissance du droit concédé; c'est ainsi que

---

(1) Daviel , n° 579.

(2) Cass., 10 juillet 1838 (voir celui du 23 mars 1838).

(3) Rouen , 14 août 1840 ; Cass., 4 août 1841 ; Nîmes 27 juillet 1842 ; Conseil , 4 sept. 1841 .

l'administration, en autorisant un barrage nécessaire au propriétaire d'une seule rive pour élever
les eaux au-dessus de sa berge, oblige le riverain
d'en face à en supporter l'appui (1). Mais le Code
civil n'avait accordé le droit d'irriguer, aux riverains, que sous la condition de rendre les eaux non
absorbées à la sortie de leur fonds, afin que les
propriétés inférieures et les usines puissent à leur
tour en profiter (2). C'était là une règle pour l'administration elle-même ; elle pouvait exiger son
autorisation pour l'exercice du droit, en vertu de
son domaine supérieur sur les eaux, mais elle ne
pouvait dénaturer les dispositions de la loi civile ;
l'héritage non riverain ne pouvait donc jouir du
bénéfice de l'irrigation ; car le riverain lui trans-
mettant les eaux ne les aurait pas restituées à
leur cours à la sortie de son fonds ; une loi ré-
cente (3) est venue porter, dans cette partie de la
législation, des difficultés inextricables, en même
temps qu'elle était contraire à tous les principes,
en ce qu'elle sacrifiait la propriété privée à des
intérêts particuliers. Protestant de leur respect
pour le Code civil, les législateurs déclarèrent,
dans la discussion, que leur but était simplement
d'y introduire une servitude légale d'aqueduc, et
ils ne virent pas que chacune des dispositions qu'ils

---

(1) M. Proudhon, domaine public, n° 1443.
(2) Art. 644, Code civil.
(3) 29 avril 1845.

adoptaient était en opposition directe avec les principes auxquels, disaient-ils, ils ne voulaient porter aucune atteinte. L'art. 1er établit cette servitude au profit du riverain, ou de tout propriétaire d'eaux (1) qui voudra leur faire traverser un fonds intermédiaire pour les amener à un héritage qu'il possède plus loin. D'abord, voici la première condition que le Code civil apporte au droit d'irrigation (celle de toucher au cours d'eau) (2), qui disparaît; et ensuite la seconde, qui impose à celui qui s'en est servi l'obligation de les restituer au sortir de son fonds (3), devint d'une exécution impossible puisqu'au sortir de l'héritage riverain les eaux passent dans un autre; ces innovations furent consacrées par l'art. 2, qui oblige les propriétaires inférieurs à recevoir les eaux ainsi amenées sur un fonds qu'elles n'avaient jamais irrigué jusque-là; en sorte que par le plus incroyable oubli de l'art. 644, on semblait consacrer la doctrine de l'art. 640, dont le principe est, au contraire, que les propriétés voisines ne devront supporter que l'écoulement des eaux découlant *naturellement* sur leur fonds sans *que le fait de l'homme y ait contribué.* L'art. 3 crée aussi au profit de l'héritage submergé la même servitude légale; enfin, reculant lui-même devant les diffi-

-----

(1) Prop. d'un étang, d'une source.
(2) Art. 644.
(3) Art. 644.

cultés qu'il créait, le législateur a laissé, dans les
deux derniers articles, aux tribunaux et à l'ad--
ministration le soin d'interpréter la loi ; nous
imiterons sa prudente réserve. Ce serait dépasser
les limites que nous avons dû nous tracer que
d'exposer les diverses espèces sur lesquelles les
tribunaux ont été appelés à rendre un jugement.

Le droit d'irrigation peut être entre les riverains l'objet de toutes sortes de conventions qui,
indépendamment de l'administration, sont obligatoires ; la prescription peut aussi s'accomplir
au profit d'un d'eux ; elle date soit du jour de
l'acte par lequel un riverain défend à un autre
de faire tels ou tels travaux, acte auquel il
est obtempéré, soit d'établissements qui, em-
ployant toutes les eaux, en privent les riverains (1). C'est ainsi qu'une usine à laquelle toute
la force motrice d'une rivière est nécessaire
pour marcher la prescrit contre tous ; en sorte
que l'étendue des droits résultant pour ces établissements de la prescription, est limitée par la
force qui leur est nécessaire.

91. *Des usines.* — De même qu'en parlant du
droit d'irrigation nous distinguons des relations
diverses, les unes entre celui qui en jouit et l'ad--
ministration, les autres entre les riverains, de
même ici il faut déterminer avec soin, et les

______

(1) Daviel, n° 582.

usines qui ont une existence légale vis-à-vis de
tous, et celles dont l'existence tolérée par l'administration est basée sur des conventions particulières ou sur la prescription; il faut voir quels
faits créent cette différence, quels en sont les résultats, et diviser les usines en deux catégories
pour se rendre compte de ce qui convient à chacune d'elles.

92. *Usines ayant une existence légale.* — Sous
l'ancienne monarchie, le droit de construire des
moulins sur les cours d'eau était considéré comme
essentiellement féodal (1), et les seigneurs seuls y
faisaient des concessions d'usines. Ceux qui les
ont obtenues d'eux se sont conformés au droit
public de leur temps; il eût été souverainement
injuste de les dépouiller; aussi la validité de
ces actes a-t-elle été reconnue (2). Mais cependant on retrouve en cette matière l'application
des principes généraux qui avaient fait distinguer
à l'Assemblée constituante de 1789 la féodalité
dominante et la féodalité contractante. Aussi les
redevances féodales qui n'étaient fondées que sur
le droit d'eau, droit que les seigneurs hauts justiciers s'étaient arrogé (3), ainsi que les restrictions
et les obstacles mis au changement et à l'amélioration des établissements concédés, dans l'intérêt

---

(1) Coutume du Berry, tit. 16, art. 2.
(2) Cass., arrêt du 23 ventôse an X.
(3) Daviel, n° 605.

des banalités seigneuriales, ont dû disparaître (1);
tandis que les contrats de la même nature librement consentis subsistent dans toute leur force (2).
Ce n'est pas seulement aux moulins expressément
concédés par les seigneurs qu'il faut reconnaître
une existence légale ; la jurisprudence (3) a rangé
dans la même classe tous ceux qui sont antérieurs
à 1790 , indépendamment de toute preuve de
concession. Depuis cette époque, des concessions
émanées de la puissance publique ont pu seules
créer pour les usines une existence légale. La
jurisprudence administrative, à défaut de textes
précis de lois, avait déjà attribué au gouvernement seul le droit d'accorder ces concessions,
quand un avis du conseil d'État a résolu la question dans le même sens en 1817; cet état de
choses a été modifié par le décret du 27 mars
1852. La prescription ne saurait être opposée à
l'administration ; elle ne peut être substituée
aux formes prescrites dans l'instruction ministérielle du 19 thermidor an VI et par la circulaire du directeur des ponts et chaussées du
16 avril 1834, formes dont nous avons traité plus
haut en parlant des concessions d'usines sur les
rivières navigables et flottables. Les usines qui ont
une existence légale sont donc toutes celles éta-

---

(1) Daviel , nº 606.
(2) Daviel , nº 607; Liége, 26 août 1811.
(3) Caen, 19 août 1837, 19 janvier 1828.

blies antérieurement à 1790 et celles qui depuis cette époque ont été dûment autorisées.

93. Les formalités qui précèdent cette autorisation sont prescrites dans l'intérêt des tiers ; car, aux termes de la loi du 6 octobre 1791, l'administration, en réglant le régime des eaux par rapport à une usine, ne doit nuire à personne. Il résulte de là que le meunier supérieur, dont l'usine a une existence légale, peut se plaindre du reflux que lui causerait l'usine nouvelle (1). Les inondations qui auraient le même principe sont encore une cause d'opposition (2). Après l'autorisation accordée, et pourvu que les réclamations n'aient pas été déjà portées, par l'enquête qui a précédé l'autorisation, à la connaissance de l'administration (3), la voie de la tierce-opposition est encore ouverte aux tiers, ainsi que le recours devant les tribunaux s'ils se fondent sur des titres de propriété. La réparation des dommages sera appréciée par les tribunaux civils (4). Nous avons déjà dit que selon nous un riverain ne saurait fonder son opposition sur ce que la concession dispose de la pente qui existe devant son héritage (5).

---

(1) Daviel , n° 618.
(2) Daviel , n° 619.
(3) Conseil d'Etat , 24 oct. 1827, 23 sept. 1830 , 25 juin et 5 août 1841, etc.
(4) Cassat., 2 janv. 1832, 5 mars 1833.
(5) Cassat., 14 févr.1833.

94. Il y a ici un principe d'égalité entre les industriels comme entre les propriétaires , qui ne
permet pas non plus de fonder une opposition sur
la diminution de produit que la création d'un
établissement d'une même industrie entraînerait
pour le fabricant déjà établi (1) , non plus que
sur les droits inégaux résultant de conventions ou
de prescription entre riverains. Si , dans cette
dernière hypothèse, l'un d'eux s'est engagé vis-à-
vis des autres à ne faire aucun établissement sur
le cours d'eau et devient concessionnaire , ou s'il
avait laissé prescrire contre lui quelque droit
que la concession lui restitue, les tribunaux seront juges de l'indemnité; mais leur décision
ne préjudicie pas aux droits de l'administration, qui reste souveraine maîtresse d'accorder
à qui elle veut la concession (2) , en respectant
toutefois les droits qu'elle a elle-même consacrés
ou en indemnisant les concessionnaires. Une fois
l'autorisation accordée, il faut encore que l'administration surveille l'exécution, car elle pourrait
nuire aux tiers. Le régime d'une usine consiste
surtout dans la construction des ouvrages régulateurs, qui ont pour but de maintenir la retenue
des eaux à un niveau à peu près constant, en
leur laissant un débouché qui doit être toujours
le même. Ce sont les ingénieurs qui fixent le ni-

____

(1) Conseil d'Etat, 5 janv. 1813, 22 juillet 1818.
(2) M. Proudhon , domaine public, 1102.

veau de la retenue légale à l'aide de repères ;
souvent on en met deux, l'un à l'usine même ,
avant la chute , l'autre à l'usine supérieure , au-
dessous de la chute ; le premier s'appelle repère
d'amont, le second , repère d'aval. Les changements accidentels qui peuvent survenir dans le
lit du cours d'eau les empêchent quelquefois d'être d'accord ; la règle générale est que
la roue de l'usine supérieure ne trempe pas, en
sorte que l'usine inférieure ait son niveau en
affleurement de la roue de cette dernière. Il
peut, dans certaines circonstances, y avoir en
amont, sur la même usine, un repère maximum
et un repère minimum. En outre, une vanne
de compensation liée par un système de bascule
à la vanne motrice, toujours levée quand celle-ci
est baissée, et réciproquement, offre à l'eau un
passage toujours identique ; des vannes de décharge, ouvertes pendant les grandes eaux, empêchent les inondations en leur donnant un écoulement plus large. Un déversoir de superficie
laisse échapper la surabondance de l'eau (1) ; enfin,
le râtelier qui protége la roue de l'usine doit être
dégagé de façon à ne présenter aucun obstacle
au passage des eaux. Mais il ne suffisait pas de
prémunir les établissements industriels contre le
reflux qu'aurait pu leur causer la création d'une
usine nouvelle ; il fallait encore protéger les pro-

---

(1) Daviel , n° 629.

priétés riveraines ; c'est dans ce but qu'ordinairement le repère est fixé à 8 centimètres au-des-
sous des berges que le concessionnaire ne peut
élever pour augmenter sa force (1). Dans des circonstances exceptionnelles , appréciées par les
ingénieurs, on suivra d'autres règles.

95. Ce n'est pas seulement dans la construction
des ouvrages régulateurs, mais c'est encore dans
le mode de roulement de l'usine que se manifeste
le principe de protection qui domine toute la matière. En général, et à la différence du propriétaire de l'étang ou de la source (2), les industriels
ne peuvent retenir absolument toute l'eau , puis
la lâcher tout à coup, ce qui pourrait causer un
dommage considérable aux propriétés inférieures (3). Cependant, ce mode de roulement par
éclusées est admis là où les ruisseaux, trop fai-
bles pour mouvoir autrement les usines, ne
peuvent être utilisés pour l'industrie que grâce
à ce moyen. Mais alors la première usine en
partant de la source retient absolument toutes les
eaux , puis marche jusqu'à épuisement ; la seconde fait de même, et ainsi des autres. La retenue ne peut être prolongée. Quelquefois, des bassins d'une contenance identique sont établis (4).

---

(1) Arrêté du 6 fructidor an **V**.
(2) Daviel , n° 637.
(3) Daviel, n° 630.
(4) Daviel, n° 637.

Le respect des droits acquis doit empêcher l'administration de faire des concessions pour des usines en amont de celles qui, ayant une existence légale, marchent d'après ce système. Si l'usine est dans ces conditions, celle qui serait construite en aval, même en vertu d'une concession, ne pourrait la contraindre à un roulement régulier; il en serait autrement si, l'usine supérieure n'ayant pas d'existence légale, l'usine inférieure en avait une.

96. Les modifications à apporter aux usines concédées peuvent se présenter dans deux hypothèses.

Tantôt c'est le concessionnaire lui-même qui veut opérer des changements, tantôt c'est l'administration; au premier cas, le concessionnaire n'est tenu de demander une autorisation que lorsque les modifications projetées auraient une action sur le régime des eaux (1). Il en est de même alors qu'il s'agit de la reconstruction d'une usine.

Dans le second cas, c'est-à-dire lorsque l'administration veut modifier ou même détruire l'usine, il faut distinguer : s'agit-il d'écarter un danger? il faudra alors appliquer la clause que l'administration, disposant de la chose publique,

---

(1) Daviel, n°ˢ 675, 676, 678.

insère dans toutes les concessions : « Quels que
soient les changements, quand même la démolition serait opérée, aucune indemnité ne sera due ; »
s'il s'agit au contraire de travaux d'amélioration
seulement, la réparation du dommage causé sera
de droit (1), à moins que la prescription ne soit
accomplie au profit de l'État, prescription qui
partira du fait contraire à l'existence de l'u-
sine (2). Telles sont les relations des propriétaires
d'usine vis-à-vis de l'administration ; ils peuvent
en avoir d'autres, soit avec les propriétaires riverains et les autres industriels, soit avec ceux auxquels ils cèdent leurs droits. Si ces relations faisaient naître des difficultés contentieuses, les
tribunaux seraient compétents, et devraient appliquer le règlement s'il en existait un. Il faut,
toutefois, rappeler ici cette règle générale, qu'on
ne peut être tenu qu'en raison de sa faute, en
sorte que celui qui a levé ses vannes n'est pas
responsable des dégâts causés par l'inondation (3).
Il peut arriver aussi que, par suite de conventions, un industriel soit tenu de fermer ses vannes
pour l'irrigation des propriétés supérieures (4).
N'oublions pas que le titre détermine la jouissance

---

(1) Voir plus haut.
(2) M. Proudhon, domaine public, n° 1196.
(3) Daviel, 654.
(4) Daviel, 655.

légale de l'usine; les riverains ne sauraient donc se plaindre si, en vertu de la concession même, on leur transmettait des eaux gâtées. Ils ne pourraient que se pourvoir, par la voie gracieuse, auprès de l'administration, pour que celle-ci retirât l'autorisation. Enfin, le concessionnaire est propriétaire d'un certain droit qu'il peut vendre, qu'il peut louer; ce droit a plus ou moins de valeur, d'après la force que présente la chute d'eau. On rapporte sa puissance au cheval de force, unité représentant une force capable d'élever d'une manière continue, à un mètre d'élévation, 75 kilogrammes; il faut distinguer ici la force utilisable et la force théorique; tous les contrats ne considèrent que la première(1); ainsi, si un louage intervient, ce sera sur l'axe de la roue qu'on calculera la force; si plusieurs locations se produisent, divisant en chevaux de force la fraction à prendre sur la force totale, elle se mesurera à l'entrée de l'atelier. En cas de retrait de la concession après vente, l'acheteur ne peut agir en garantie contre un vendeur qui n'a pu lui transmettre qu'un droit conditionnel (2).

97. *Usines n'ayant pas une existence légale* — Ce sont les établissements qui, sans titre, vis-

---

(1) Daviel, 659.
(2) Rouen, 4 août 1837.

à-vis de l'administration qui les tolère , sont fondés sur des conventions entre les riverains ou sur une prescription acquise depuis 1790 (1). Par rapport à l'administration, ils ne sont rien, et elle peut les négliger complétement dans les concessions qu'elle fait. Entre eux et les riverains , ou les industriels qui sont dans les mêmes conditions, tout se passera dans les limites d'une convention privée, et les tribunaux, compétents pour toutes ces contestations, pourront, si l'administration ne les a déjà fait détruire , en prononcer la démolition (2) ; en somme , toutes les règles du droit commun seront applicables.

98. *Charges des riverains.* — Comme la loi fait peser sur les riverains certaines charges, il est certains avantages qui leur sont concédés de droit commun; occupons-nous d'abord des obligations onéreuses qui peuvent incomber aux riverains.

Le premier principe en cette matière, c'est que chacun doit pouvoir user à son tour des eaux courantes. De là naît pour chacun des riverains l'obligation de concourir à la conservation des eaux. Ils doivent contribuer aux frais des travaux (3) exécutés sous la direction de l'administration, et quelquefois par elle-même, et comprenant non-

----

(1) Daviel, 665.
(2) Daviel , 668.
(3) Daviel , 716.

seulement l'opération par laquelle une rivière est remise sur son fonds , et qui reçoit le nom de curage, mais encore les ouvrages qui se font le long des berges pour empêcher les eaux de s'y perdre (1). Le curage se fait encore aujourd'hui d'après les anciennes coutumes locales , si des règlements ne sont pas venus les remplacer (2). En général , des syndicats ont été institués; une commission répartit les dépenses, soit d'après les avantages plus ou moins grands qu'en retirent les riverains , soit d'après les causes qui ont occasionné l'envasement du cours d'eau; c'est à ce dernier titre que les industriels et les flotteurs à bûches perdues devront payer une partie de l'indemnité (3). Les états dressés par le préfet sont rendus exécutoires par lui, et l'indemnité est perçue comme les contributions publiques (4). Si l'envasement se produit devant un riverain, peu importe qu'il provienne de sa faute ou d'un cas fortuit, il peut être contraint à l'enlèvement par les tribunaux , la défense ne peut ici invoquer la prescription (5). Ce n'est pas tout que de transmettre les eaux suivant leur cours naturel, il faut encore les transmettre dans certaines conditions; les propriétaires

---

(1) Règlement du préfet de l'Eure , 12 mai 1843.
(2) Loi du 14 floréal an XI ; Conseil , 9 avril 1817.
(3) Conseil , 20 nov. 1815.
(4) Loi du 14 floréal an XI , art. 3.
(5) Pardessus, servitudes, p. 223, tom. 1.

supérieurs ne doivent pas, par malice, en diminuer
le volume (1), ni les corrompre, à moins d'une
autorisation expresse ou d'une coutume reconnue (2), ce qui ne peut aller jusqu'à interdire
l'établissement de lavoirs ; du reste, les tribunaux
apprécieront, eu égard aux concessions administratives devant lesquelles ils doivent s'incliner, et
aux habitudes des lieux (3).

99. Enfin, quand un bois ne saurait être exploité
autrement que par eau, le propriétaire a droit
de pratiquer le flottage à bûches perdues. Cette
opération est ordinairement précédée d'une pu-
blication et d'une visite des établissements qui
se trouvent sur le cours d'eau ; elle se fait au
moyen d'une retenue, qui, lâchée tout à coup,
emporte les bois (4). Les marchands qui ap-
provisionnent Paris de bois de chauffage ont,
en cette matière, un privilége pour leur flottage ; ils peuvent se servir des étangs, qui,
cependant, sont, comme nous le verrons plus
loin, propriété privée ; ils peuvent, en outre,
faire des dépôts sur les rives, qui ne sont en général grevées que de la servitude du marche-

---

(1) Daviel, n° 706.
(2) L. 3, § 1 et 2, ff., de aq. et aq. pluv. arc ; l. 1, § 1, C.,
de extraordin. crim.
(3) Rouen, 27 avril 1842.
(4) Ord. de 1672, ch. 2, art. 6 ; ch. 17, art. 11 et 12.

pied (1). Dans tous les cas , pendant la retenue et l'écoulement du flot , les chômages d'usines donnent lieu à indemnité ; la loi fixe cette indemnité à 4 francs par vingt-quatre heures(2). S'il y a des dégâts , le flotteur en doit la réparation , même à l'usine qui n'a pas une existence légale (3).

100. Telles sont les charges qu'apporte le voisinage des cours d'eau, elles sont compensées par certains droits ; ici, comme partout, chacun peut se garantir du dommage qu'il prévoit, et réparer celui qui s'est accompli à son préjudice ; aussi les riverains ont-ils le droit de se prémunir contre les eaux ; mais ce droit a une limite car les constructions auxquelles il donne lieu ne doivent jamais nuire aux riverains d'en face (4); il faudra cependant avoir égard aux intérêts du constructeur (5) ; ce sera aux tribunaux à apprécier. Ils doivent se rappeler, toutefois, que les riverains combattent ensemble contre un ennemi commun, qu'ils ont les mêmes droits à conserver, les mêmes chances à courir, qu'ils doivent donc se tolérer réciproquement et ne se contrarier que lorsqu'il y a

---

(1) Ord. de 1672 , ch. 2 , art. 5 et 8.
(2) Ord. de 1672 , ch. 17, art. 14.
(3) Daviel , n. 307.
(4) L. 1, § 3, ff., ne quid in flumine publico ; id. eod., § 7.
(5) Id. eod., § 6.

évidemment abus de la faculté commune à tous (1). Ainsi, par une interprétation bienveillante le juge repoussera une demande en destruction de travaux faits et existant depuis longtemps à la connaissance du plaignant (2).

Les digues peuvent, sauf statuts locaux, être construites sans autorisation administrative. Elles ne doivent jamais empiéter sur le lit même de la rivière, car elles deviendraient offensives pour l'autre rive (3).

101. Outre ce droit de conservation de sa chose, la loi en accorde aux riverains deux autres (dont chacun offre un argument très fort à l'appui du système de ceux qui prétendent que les rivières appartiennent aux riverains) : ce sont le droit d'alluvion et le droit de pêche. Le premier est consacré par les art. 556 et 561 du Code civil, qui attribuent aux riverains les alluvions et atterrissements qui se forment dans les rivières non navigables ni flottables, suivant la ligne que l'on suppose tracée au milieu de la rivière; en sorte que l'île appartient au riverain du côté duquel elle se produit. Signalons ici, en passant, un argument en faveur du système de la domanialité des cours d'eau; une nouvelle division du bras formé entre l'île et

---

(1) Chardon, de l'alluvion, n. 200.
(2) L. 19 et 20, ff., de aqua et aquæ pluviæ arcendæ.
(3) De ripa munienda, ff., lib. 3, tit. 15.

l'ancienne rive sera-t-elle faite conformément à la première, et produira-t-elle les mêmes résultats? Mais nous ne reviendrons pas sur ce que nous avons dit en parlant de la propriété des rivières non navigables ni flottables.

Quant aux changements que la violence des eaux peut produire dans leur cours, nous ne pouvons que renvoyer à la partie où nous parlons des rivières navigables et flottables et où nous en traitons (1).

102. Le second, le droit de pêche, n'a été longtemps attribué aux riverains par aucun texte législatif; sous l'ancienne monarchie, les seigneurs hauts justiciers s'en étaient emparés ; les communes se prétendirent leurs héritières, mais un avis du conseil d'État du 27 pluviôse an XIII repoussa leur demande ; si la commune est riveraine, c'est à ce dernier titre qu'elle jouit de la pêche. En général, dans ce cas, elle adjuge le droit de pêche par bail administratif (2). Les autres riverains peuvent aussi louer leur droit(3); mais un avis du conseil d'État du 11 octobre 1812 le considère comme inaliénable. Du reste, les riverains ne peuvent se livrer à la pêche que

---

(1) Voir plus haut.
(2) Ord. de 1669, tit. 25, art. 17.
(3) Loi 44, ff., locati conducti.

sous certaines conditions ; des ordonnances déterminent les époques et engins prohibés (1); la loi a interdit l'établissement de pêcheries à demeure (2). Ces dispositions doivent être restreintes dans leur application aux cours d'eau et aux canaux qu'ils alimentent, quand le poisson peut y pénétrer. L'administration des eaux et forêts ayant parmi ses employés des gardes-pêche, est chargée de ce service; sa surveillance s'étend jusque dans les propriétés closes (3).

(1) Loi du 15 avril 1829, art. 26.
(2) Art. 24.
(3) Daviel , n. 742.

LIVRE III.

DES EAUX CONSIDÉRÉES COMME PROPRIÉTÉ PRIVÉE.

CHAPITRE 1er.

EAUX COURANTES.

SECTION Ire.

103. *Sources.* — La source qui naît dans un fonds en fait partie (1) ; elle suit la condition de l'héritage même, et le propriétaire de ce dernier a sur elle un droit de propriété. Il peut, en effet, tant que les eaux ne sont pas sorties de son fonds pour former un ruisseau, auquel s'appliqueront désormais les règles que nous avons précédemment exposées, en changer le cours et en faire un usage tel qu'il finisse par les absorber ; il peut même supprimer la source (2), sauf, s'il en résulte des infiltrations pour les propriétés voisines, à être tenu des dommages-intérêts ; il a enfin le droit d'*usus* et d'*abusus* sur les eaux qui naissent chez lui, et des mesures d'intérêt public

----

(1) Quod vi aut clam, loi 11, in principio.
(2) De servitud. et aquæ, C., loi 6.

peuvent seules apporter des restrictions à ses droits. C'est ainsi que l'autorité réglementaire interviendra pour prévenir une inondation, qu'une expropriation pour cause d'intérêt public aura lieu quand cette source pourra seule fournir l'eau nécessaire aux habitants d'un village (1), ou quand il s'agira de la création d'un canal que les eaux de la source devront alimenter (2).

Les droits du propriétaire sourcier ne se bornent pas là : il peut encore, en vertu de l'art. 640 du Code civil, déverser ses eaux sur les propriétés inférieures, pourvu qu'il n'en ait pas, par des travaux, augmenté le volume, et sous la condition que lui ou les propriétaires voisins n'auront pas, depuis trente ans, fait des ouvrages s'opposant à l'écoulement des eaux (3); en sorte que l'héritage dans lequel naît la source s'offre, au premier abord, comme fonds dominant, auquel ses voisins inférieurs sont assujettis (4). Remarquons, toutefois, que du moment que les eaux passent du fonds où elles naissent sur un autre fonds, il ne s'agit plus d'une source, mais bien d'un ruisseau sur lequel l'administration peut, sans aucun doute, exercer sa puissance, ce qui n'empêche pas que les pro-

---

(1) Art. 643, C. civ.
(2) Daviel, n. 189.
(3) Daviel, n. 778.
(4) Cœpolla, de serv., tract. 2, cap. 4, n. 56 et suiv.

priétaires riverains ne puissent avoir entre eux des relations créant des droits et des devoirs.

104. Comme les eaux sont d'une grande utilité pour l'agriculture, l'industrie, les usages de la vie, il peut se faire que le propriétaire immédiatement voisin de celui dans le fonds duquel naît la source, particulier, commune ou autre, acquière, vis-à-vis de ce dernier, un droit de prise d'eau : *jus aquæ ducendæ*, soit par titre, soit par prescription (1). Quant à la prescription, il faut d'abord poser en principe que le simple écoulement de l'eau que la nature ou le propriétaire sourcier lui a donné, quelque temps qu'il ait duré, ne peut constituer une prescription au profit de l'héritage inférieur, *quia tunc aqua non videtur decurrisse jure servitutis, sed potius jure cujusdam facultatis* (2). Les droits du propriétaire de la source restent tout entiers; mais il n'en sera plus de même quand, par des travaux de nature à exprimer son intention, le propriétaire du fonds inférieur aura manifesté sa volonté de prendre possession des eaux. Mais de quels faits conclure cette volonté? L'art. 642 répond à cette question :

« La prescription, dans ce cas, ne peut s'ac-
« quérir que par une jouissance non interrompue

---

(1) Art. 642, C. civ.
(2) Cœpolla, de serv., tract. 2, cap. 4, n. 56 et suivants.

« pendant l'espace de trente ans, à compter du mo-
« ment où le propriétaire du fonds inférieur aura
« fait et terminé des ouvrages apparents destinés à
« faciliter la chute et le cours d'eau dans sa pro-
« priété. »

105. La première condition, celle sur laquelle
tout le monde est d'accord, c'est qu'il faut que ce
soit le propriétaire inférieur qui ait fait les travaux ; en cela il n'y a pas de doute. Seulement,
s'il est impossible de savoir qui les a exécutés, on
considérera à qui ils peuvent être utiles pour en
faire l'attribution à celui qui en profite ; s'ils sont
utiles également aux deux héritages, on les suppo-
sera établis par le propriétaire de la source (1); les
tribunaux auront ici à considérer qui a supporté
les dépenses d'entretien. Mais où ces ouvrages,
qui doivent avoir un caractère d'immobilité pour
fonder la prescription, seront-ils faits ? Telle est la
question qui divise presque tous les jurisconsultes ;
les uns soutenant qu'ils doivent s'élever sur le
fonds supérieur (2), les autres que ceux établis
sur un fonds inférieur quelconque suffisent (3) ; les
premiers, considérant le propriétaire du fonds su-

---

(1) Rouen, 15 déc. 1843.

(2) Toullier, III , 635 , note ; Proudhon, dom. pub., 1372 ;
Cassat., 4 juillet 1825.

(3) Delvincourt, Pardessus , n. 100 ; Lassaulx. III , n. 235 ;
Favart , serv., sect. 2.

périeur comme propriétaire de la source, exigent de sa part un certain consentement tacite, et le voient dans le silence de celui qui, laissant faire des travaux sur son fonds, ne se plaint pas; ce consentement ne saurait s'induire de l'écoulement naturel des eaux; quel que soit le temps qu'il ait duré, il n'était pas de nature à attirer l'attention de celui qui était propriétaire de la source; en outre, n'est-il pas juste que celui contre lequel on prescrit puisse en avoir connaissance? et les caractères exigés dans la possession qui conduit à la prescription ne sont-ils pas l'application de ce principe? Or, comment le propriétaire de la source connaîtrait-il les travaux qui seraient faits sur un fonds inférieur quelconque? Aussi quelques rédacteurs voulaient-ils mettre dans l'article *travaux extérieurs* au lieu de *travaux apparents*. Ils avaient déjà exprimé la même pensée dans ces derniers mots : « de nature à en faciliter la chute.» Car, pour faciliter la chute des eaux dans le fonds inférieur, « il faut bien aborder le ruisseau dans « le fonds supérieur, puisqu'il s'agit de diriger le « trajet de l'un à l'autre, que c'est là ce qu'on ne « ferait pas si l'on se contentait de le prendre « simplement dans le fonds inférieur (1). » A cela on a répondu qu'il s'agissait ici d'une servitude résultant de la situation des lieux, que les travaux

---

(1) Proudhon, eod. id.

exigés pour donner cours à la prescription n'intervenaient que comme un mode de déclaration du propriétaire inférieur, qu'il voulait profiter du bienfait de la nature, et que l'inaction du propriétaire supérieur, pendant trente ans, était, dans ce cas, un acquiescement, car, en détournant l'eau, il interrompait la prescription. On a conclu de là qu'il suffisait, dans l'espèce, que des ouvrages fussent faits sur le fonds du propriétaire inférieur ou partout ailleurs que sur le fonds du propriétaire de la source. C'est là l'opinion qui a prévalu, et vu les difficultés que le mot *extérieurs* pouvait faire naître sur le sens qu'il doit avoir ici, la section du Tribunat pensa qu'il convenait de lui substituer le mot *apparents*. Toutefois, on ne revint pas sur les derniers mots de l'article (1). Le législateur a prononcé, nous devons nous incliner. Constatons seulement que tous les auteurs recommandables ont adopté le premier système : la Cour de cassation en a fait l'application dans un arrêt du 25 août 1812. Ajoutons que d'après les termes de l'article, et contrairement à l'opinion de M. Proudhon (2), nous pensons qu'une défense par acte extrajudiciaire, à laquelle il aurait été obtempéré, ne saurait ici servir de base à la prescription.

106. Si le propriétaire inférieur a un titre tel,

---

(1) Voir Fenet, p. 283 à 285.
(2) Domaine public, 1371.

que toutes les eaux lui soient dues, le propriétaire dans l'héritage duquel se trouve la source
ne peut en employer les eaux qu'à ses usages domestiques. L'art. 640 suppose encore que les
eaux ne sont pas dénaturées par des mélanges
qui les rendraient nuisibles. Du reste, les concessions ultérieures que le propriétaire de la
source peut faire ont pour limite le dommage
que le premier concessionnaire en pourrait res-
sentir (1). Le partage du fonds inférieur n'influe
en rien sur la servitude. Au milieu des droits de
diverses natures qui peuvent se rencontrer ici,
les tribunaux doivent concilier tout les intérêts (2),
sans oublier toutefois qu'ils ne doivent que constater des droits et non en créer ; ainsi ils ne lé-
gitimeront pas une possession qui ne serait pas
dans les conditions voulues, fût-elle immémo-
riale (3); ils accueilleront la revendication du
propriétaire de la source, quand même elle serait
intentée dans le but de nuire au propriétaire inférieur qui ne pourrait exciper d'aucun droit (4).

---

(1) Loi 4, ff., de aq. quotid. et æstiva; loi 2, §1, ff., de serv.
præd. rust. ; loi 8, ff., de aq. et aq. pluv. arc. ; Voët, Pand. ,
iv. 8, tit. 4, n. 13 et 14.

(2) L. 4, ff., de aq. quotid. et æstiva.

(3) Limoges, 11 mai 1836.

(4) Daviel, n. 785 *bis*.

107. Enfin, le droit de prise d'eau s'éteint par le non-usage pendant trente ans, à partir de l'acte contraire à son exercice, quel que soit son auteur (1), et pourvu que le non-exercice ne résulte pas de la force majeure.

Nos lois considèrent le propriétaire du fonds comme propriétaire de la source d'eau salée (2); mais, il doit se munir d'un permis pour en recueillir le produit, et il ne l'obtient qu'après une reconnaissance administrative des ouvrages établis dans ce but (3). Ce principe général est encore consacré pour les sources qui produisent des eaux utiles à la santé publique; leur exploitation est soumise à l'autorisation administrative et à une inspection scientifique (4).

108. Il faut se garder de confondre la source nouvelle qui surgit dans un héritage et le puits artésien qu'on vient d'y forer ; la première produit des eaux naturelles, tandis que des eaux artificielles sortent de l'orifice du second; et il en résulte que l'art. 640, applicable aux unes, ne l'est point aux autres ; les propriétaires inférieurs ne sont pas tenus de leur donner passage (5).

---

(1) Art. 707.
(2) Loi 1, § 12, et loi 21, ff., de aqua et aqueæd; C. c., 641.
(3) Arrêté du 3 pluviôse an **VI**.
(4) Arrêté du 29 floréal an **VII**.
(5) Art. 640; Daviel, n. 901.

SECTION II.

109. *Aqueducs. — Canaux d'irrigation.* — Les villes où le manque d'eau se faisait sentir devaient s'en procurer au moyen d'aqueducs. Les Romains sous ce rapport ont exécuté des travaux gigantesques (1), en même temps que leurs lois ne permettaient à personne de détourner arbitrairement les eaux nécessaires à tous (2). Des concessions viagères (3) faites par l'empereur (4), avec l'assistance du préfet de la province et des tiers intéressés (5), et sous certaines conditions d'exécution (6), pouvaient être consenties, seulement pour les eaux superflues. La possession ne pouvait mener ici à l'*usucapion* ni à la *possessio longi temporis* (7), quoique quelques-uns, se fondant sur la loi 4 au Code de aquæductu, l'aient à tort prétendu (8), car le texte au contraire suppose une concession. Chez nous les aqueducs publics sont en général propriété des villes aux-

---

(1) Les aqueducs de Rome avaient 107 lieues de long.
(2) L. 2, C., de aquæductu.
(3) De aquæductibus urbis Romæ, p. 192.
(4) L. 5, C., de aquæductu.
(5) L. 11, ibid.
(6) L. 3, C. de aquæductu.
(7) L. 1, § 42, ff., de aq. quotid. et æstiv.
(8) L. 9, C., de aquæductu.

quelles ils fournissent des eaux ; si chacun peut s'emparer d'une partie du liquide qu'ils amènent, ce n'est que quand il est arrivé à destination, sans pouvoir en dériver auparavant aucune portion. Quand l'abondance des eaux excède les besoins publics, des concessions particulières peuvent être accordées.

Ces concessions ne peuvent être l'objet de partages, à moins que l'on ne suppose que l'eau y doive sans cesse couler par un orifice déterminé ; la possession, réunissant tous les caractères exigés, pourra mener à une prescription, qui devra se renfermer dans les mêmes limites que la concession.

Une servitude particulière pèse sur les fonds qui joignent l'emplacement d'un aqueduc ; leurs propriétaires ne peuvent planter qu'à une distance telle, qu'il soit impossible aux racines de leurs arbres de détériorer les ouvrages qui contiennent les eaux (1).

110. L'arrosement est aussi quelquefois si important, que des canaux considérables sont faits dans le seul but d'irriguer des prairies. Suivant que ces travaux sont d'utilité générale ou ne répondent qu'à des besoins particuliers, l'autorité publique intervient ou n'intervient pas dans leur construction ; dans la première hypothèse, c'est,

---

(1) L. 1 , § 2, C., de aquæductu ; arrêt du Conseil du 22 juillet 1669.

suivant l'importance du travail, l'autorité législative ou le pouvoir réglementaire qui confère l'autorisation (1); en vertu de cette déclaration d'utilité publique, des expropriations ou des conventions qui font naître des servitudes, se produisent; le canal est établi, quelquefois avec le secours de l'État; puis les frais d'entretien se répartissent proportionnellement, d'après un règlement particulier, entre les propriétaires qui profitent de ces travaux (2).

111. D'autres fois c'est un intérêt privé qui détermine un simple citoyen à construire un établissement de ce genre au moyen de conventions amiables intervenues entre lui et ses voisins.

111 *bis*. Mais quel que soit le canal, dans quelque condition qu'il se présente, il doit être considéré tantôt comme la propriété même de la société d'arrosants ou du particulier qui l'a construit, tantôt comme une servitude d'aqueduc établie sur l'héritage d'autrui. Nous n'avons rien à dire de la première hypothèse; quant à la seconde, il faut lui donner quelques développements. Ceux qui recherchent les eaux, ou s'en emparent sur le fonds limitrophe du leur, et y acquièrent

---

(1) Lois des 17 vendém. an VI, 23 pluviôse an XII, 7 juin 1826.

(2) Loi du 14 floréal an XI.

un droit de prise d'eau, ou les amènent à eux à travers les héritages voisins, en achetant une bande de terrain ou la servitude d'aqueduc. Ces deux droits — dont on jouit, soit en vertu d'un titre, soit en vertu de la prescription accomplie suivant les conditions de l'art. 642 (prescription qui peut même étendre ou restreindre la jouissance due d'après le titre), soit même en vertu de la destination du père de famille (car il s'agit d'une servitude continue et apparente puisque son exercice ne dépend pas du fait de l'homme) (1), — sont souvent difficiles à déterminer, quant à leur étendue, en l'absence de titres. Pour y arriver, l'on s'attache au moment de la concession; c'est d'après leur état à cette époque que les eaux sont livrées au concessionnaire selon ses besoins, l'excédant reste à la disposition du concédant (2). Le partage du fonds dominant n'aura aucune action sur la servitude, qui restera telle qu'elle était (3).

112. Les eaux n'ont pas toujours un volume constant.

Tantôt elles augmentent, et alors il faut considérer quelle est la concession; si elle détermine sa quantité, cette augmentation n'influera

______

(1) Code civil, art. 688.
(2) Cœpolla, de serv., tract. 2, cap. 4, n. 13.
(3) Id., ibid., n. 14.

en rien sur l'exercice de la servitude; il en sera
de même si elle se règle par un certain temps
d'écoulement; si les titres sont muets, le propriétaire du fonds servant devra abandonner tout le
surplus des eaux sans en profiter; dans le cas
où il y a lieu à mesurage, cette opération aura
lieu à la sortie de cet héritage (1).

Tantôt elles diminuent naturellement, et alors,
quoique ici la force majeure écarte toute idée de
garantie, nous distinguerons le cas où la concession
aura été faite à titre onéreux (dans cette hypothèse,
le propriétaire du fonds servant doit seul supporter la diminution des eaux) et celui où elle a été
consentie à titre gratuit; alors tous deux la subi-
ront proportionnellement (2); car on ne peut
supposer que le donateur ait voulu se priver de
l'eau nécessaire à ses besoins.

Il s'agit ici d'une servitude; aussi applique-
rons-nous les règles générales de cette matière;
c'est ainsi que les travaux d'entretien ou d'amélioration devront être faits par celui qui en profite (3); que si le titre les mettait à la charge du
propriétaire du fonds servant (4), il ne pourrait
se libérer qu'en abandonnant le fonds tout entier;

---

(1) Pecchius, de aquæd., lib. 2, cap. 2, quest. 3.
(2) Aix, 21 juillet 1825.
(3) 697, Code civ.; loi 15, ff., de servit.
(4) 698, Code civ. *in fine*.

que l'article 701 , permettant à ce dernier de changer l'assignation primitive, si ce changement ne préjudicie pas au propriétaire du fonds dominant , doit recevoir son application ; qu'elle s'éteint par le non-usage continué pendant 30 ans (1).

Ce seront les tribunaux qui auront à décider s'il y a propriété ou s'il y a servitude. Ils devront d'abord examiner les titres, s'il en existe, puis considérer quels sont les travaux d'art accessoires du canal, et qui , en l'absence des premiers, devront motiver la décision. Quelle que soit du reste la situation de la compagnie ou du propriétaire arrosant, leur droit sur la totalité des eaux est incontestable (2).

113. En général, quand le canal sera la propriété des arrosants, les francs-bords leur appartiendront presque toujours; ils y pourront faire des plantations d'arbres aquatiques, sans observer les distances ordinaires (3); du reste, tant à cause de cette propriété qu'à cause de leur droit à la totalité de l'eau, aucun voisin ne peut pratiquer de rigole prenant eau sur le canal (4); ces derniers ne sauraient même y aller puiser de l'eau

---

(1) 706.
(2) Daviel, 826.
(3) Bourges, 31 mars 1835.
(4) Daviel, 841.

pour leurs besoins. Mais nous pensons que ces bords sont prescriptibles; que par des actes de possession continués pendant trente ans, tels que fauchage, élagage des arbres, les voisins peuvent en acquérir la propriété, ainsi que celle de l'espace du lit délaissé par les eaux (1); si au contraire il s'agit seulement d'une servitude d'aqueduc, les riverains propriétaires du sol profiteront de l'alluvion (2), si elle n'a pas été enlevée par l'arrosant, car il a le droit de faire dans le canal tous les travaux d'entretien; ce droit s'étend même sur les berges sur lesquelles il peut toujours passer pour visiter son canal, sur lesquelles il peut rejeter la vase provenant du curage (3); dans tous les cas la pêche lui appartient (4).

114. Les biez des usines offrent des difficultés de la même nature que les canaux d'irrigation; pour les décider, on devra, s'il y a des titres, s'y référer; s'il n'y en a pas, l'inspection des lieux servira de base à la solution de la question; si le biez se trouve sur la rivière même, évidemment il n'appartiendra pas à l'usinier (5); s'il s'y trouve

---

(1) Daviel, n. 838.
(2) Cassation, 8 novemb. 1843.
(3) Cassation, 18 juillet 1843; Bordeaux, 23 janv. 1828.
(4) Cassation, 3 mai 1830.
(5) 18 août 1838.

en partie, ce dernier sera considéré comme propriétaire de la portion qui n'est pas le lit (1); s'il est évident que le canal construit de mains d'hommes est en outre formé de deux levées, si l'usinier y a fait des plantations et les a entretenues, il doit en être reconnu propriétaire (2); si au contraire ce sont des canaux creusés par les anciens seigneurs, non à titre de propriétaires (3), on doit décider qu'il n'y a qu'une servitude d'aqueduc (4).

---

(1) Cassat., 7 août 1839.
(2) Lyon, 21 déc. 1830.
(3) Caen, 3 juillet 1833.
(4) Chardon, traité de l'alluvion, n. 29 et suiv.

CHAPITRE II.

EAUX PLUVIALES ET AUTRES.

115. Il faut distinguer parmi les eaux pluviales celles qui tombent directement sur un fonds, et celles qui, au contraire, ne semblent pas lui être destinées. Les premières appartiennent par droit d'occupation à celui sur le terrain duquel elles tombent ; il peut les retenir ou les absorber, ou à son gré les laisser couler sur les héritages inférieurs, obligés de les recevoir suivant la règle de l'art. 640, quand même il ne les aurait pas déversées depuis trente ans, à moins que par des travaux apparents et contraires à ce genre de servitude, le voisin n'ait manifesté la volonté de se soustraire au droit commun, et cela depuis trente années (1). Quelquefois, au contraire, loin de se considérer comme soumis à une charge onéreuse par le passage des eaux, le propriétaire voisin veut se l'assurer à cause des avantages qu'il procure à son héritage. Un titre, la destination du père de famille, la prescription accomplie suivant les règles de l'art. 642, seront, sous la législation française comme sous la législation

---

(1) Daviel, n. 761.

romaine , le principe d'un droit garanti par une
action (1) ; car l'art. 688 range les conduits d'eau
au nombre des servitudes continues et apparentes,
par la raison que leur exercice ne dépend pas du
fait de l'homme. Quant aux eaux qui tombent sur
les chemins publics, elles ont pour propriétaire
l'être moral auquel ce chemin public appartient (2) ; aussi, sont-elles quelquefois l'objet de
concessions de la part des communes (3).

116. *Étangs.* — Les eaux d'une source, les eaux
pluviales, celles qui forment le cours d'un ruisseau, amoncelées par un obstacle fait de mains
d'hommes, peuvent couvrir un vaste espace de
terrain et deviennent un étang. Dans les deux
premiers cas, propriétaire du liquide qu'il réunit
en masse au lieu de le laisser s'écouler, celui
auquel appartient l'héritage sur lequel les eaux
sont tombées, où naît la source, use et dispose
des eaux à son gré ; il peut ou les retenir ou les
faire couler sur les fonds inférieurs, sous la
condition de respecter le passage que le propriétaire inférieur peut avoir prescrit contre lui,
et de ne pas aggraver la condition des autres propriétaires voisins.

---

(1) Cassat., 19 juin 1810.
(2) Daviel, n. 796; loi 1, § 11 et 12, ff, de aq. et aq. pluv.
arc.
(3) Cœpolla, tract. 2, cap. 4, n. 28.

117. Il n'en est pas de même dans la dernière hypothèse. Ici se retrouvent les deux relations dont nous avons déjà parlé en traitant des usines. Vis-à-vis de l'administration, une concession peut seule fonder en droit cet étang formé des eaux du domaine public (1) ; vis-à-vis des propriétaires voisins, des conventions, la prescription accomplie, peuvent en légitimer l'existence ; mais les eaux, dans ce cas, devront toujours être rendues à leur cours naturel (2).

118. Si les fleuves sont changeants, s'il se produit dans leurs cours des modifications considérables, il n'en est pas de même des étangs : l'existence de chaussées, de digues et de berges, et d'une décharge des eaux, protége la permanence de leurs limites ; les digues et berges sont imprescriptibles ainsi que la partie de leurs bords qui n'est pas couverte, mais qui est réservée ordinairement pour les grandes eaux; mais cette imprescriptibilité ne dure qu'autant que les signes de retenue subsistent ; après leur disparition , le terrain de l'étang desséché devient sujet à la prescription (3).

119. Vis-à-vis des riverains l'étang alimenté par

---

(1) Toullier, tom. 3, n. 138.
(2) 644, C. civ., *in fine*.
(3) Daviel , n. 814.

une source, par les eaux pluviales, est considéré
lui-même comme une source. On ne saurait y faire
des prises d'eau d'irrigation, ni à l'aide de fouilles
se procurer le même avantage, à moins qu'une
concession du propriétaire, la prescription accomplie dans les conditions de l'art. 642, ne viennent
les légitimer. Le propriétaire subira toutes les
charges qui naîtront à propos de l'étang, même.
quand elles sont produites par des crues extra-
ordinaires (1). C'est lui qui a porté atteinte à
l'état naturel des choses, il doit en subir les
conséquences. Le préfet peut, sur la demande
de la commune et l'avis du sous-préfet, ordonner
la suppression d'un étang dont les eaux seraient
une cause d'insalubrité ou d'inondation, avec indemnité si l'étang est alimenté par une source
ou des eaux pluviales, ou s'il a une existence légale; sans indemnité dans le cas contraire (2).

120. *Marais*. — Quelquefois, sans que la main
de l'homme y ait contribué, des eaux stagnantes
s'établissent dans des lieux peu profonds qu'elles
rendent malsains en même temps qu'elles en empêchent la culture. Ces terrains ont reçu le nom
de marais; tant à cause de l'insalubrité dont ils
sont le principe, qu'en raison de ce qu'ils sont

---

(1) Chardon, droit d'alluvion, n. 22.
(2) Loi du 17 sept. 1792 ; Conseil, 14 nov. 1821.

improductifs, une administration intelligente devait s'occuper de leur desséchement; des dispositions toutes spéciales étaient réclamées par rapport à ce genre de biens à cause de sa nature même; elles sont contenues dans les lois du 5 janvier 1791 et du 16 septembre 1807. Deux idées mères dominent cette partie de notre législation : la première, c'est que le gouvernement peut donner ordre de les dessécher, et doit toujours donner la permission de le faire; la seconde, c'est que l'indemnité de l'entreprise ne pourra être qu'une quote-part de la plus-value donnée aux fonds par les travaux (1).

Il en résulte qu'en toute circonstance, une demande de concession sera adressée à l'administration ; ensuite, qu'il faudra nécessairement se rendre compte de la valeur des terres qu'il s'agit d'assainir et de l'importance des travaux, pour avoir une base à l'aide de laquelle on pourra connaître la plus-value; c'est pour cela que, muni de l'autorisation du préfet, l'entrepreneur lèvera un plan indiquant tous les terrains qui profiteront du desséchement, les nivellements à faire, l'estimation des travaux à opérer; puis les ingénieurs des ponts et chaussées constateront les obstacles, et apprécieront les dépenses à faire.

---

(1) Proudhon, domaine public, 1585.

121. Le décret d'administration publique qui prononce la concession peut préférer certaines personnes à celui qui la demande, par exemple, tout étant égal, les propriétaires eux-mêmes. Si ceux-ci ne sont pas concessionnaires, deux relations prendront naissance, l'une entre l'État et ceux qui auront obtenu la concession ; l'autre, entre ces derniers et les propriétaires du marais ; c'est en vue de ce second contrat que les art. 8 et 12 de la loi du 5 septembre 1791 exigent un cautionnement. Pour veiller aux intérêts des propriétaires, et si leur nombre est supérieur à neuf, un syndicat est établi, nommé par l'administration. Il procède au classement des terres, d'après leur degré d'inondation, en cinq catégories au moins, en dix au plus. Les plans approuvés par le préfet sont déposés à la préfecture ; enfin des experts sont nommés, l'un par les syndics, l'autre par l'entrepreneur, et estiment les terres à tant l'hectare. Une commission spéciale, composée de sept membres, et au choix du chef du pouvoir exécutif, connaît des difficultés qui peuvent s'élever au sujet des travaux de desséchement. Son premier acte est l'homologation qu'elle donne à l'estimation des syndics, mais son objet est principalement de trancher les différends qui peuvent avoir lieu au sujet des avances qu'un entrepreneur se croirait en droit de toucher sur les premiers terrains assainis. Une fois les travaux terminés, une classification nouvelle a lieu. On

procède à une estimation nouvelle de chaque classe. Le plan que le concessionnaire a dû fournir avant le commencement des travaux est fait d'après le cadastre, et désigne la propriété de chacun. On considère la classe de chaque parcelle, avant le desséchement, et l'estimation de cette classe; puis dans quelle classe se trouve aujourd'hui cette parcelle et son estimation actuelle. On compare cette dernière à celle qui a été faite primitivement, et l'on prélève l'indemnité sur la plus-value. Ce prélèvement se produit tantôt sous la forme d'une attribution d'une partie du fonds, tantôt sous celle d'une constitution de rente, charge réelle qui suit le fonds grevé d'un privilége à son profit. Du reste, si dans toutes ces opérations l'Etat rencontrait de la résistance, il pourrait prononcer l'expropriation du marais (1).

122. *Mares.* — Les mares ne sont autre chose que des récipients, la plupart du temps faits de mains d'hommes, pour recueillir les eaux. Leur propriété est souvent douteuse entre les propriétaires et les communes. Sans exiger de titres de ces dernières, titres qu'il leur serait impossible de produire, il faut s'attacher aux faits qui peuvent être un indice certain de la propriété (2). On ne

---

(1) Voir pour tout ce qui concerne les marais la loi du 16 sept. 1807.

(2) Daviel, n. 824.

peut considérer comme tels le puisage et l'abreu-
vage, qui peuvent n'être que des actes de tolérance, non plus que le curage, qui peut leur être
assimilé. Il n'en est pas de même de l'établissement permanent d'un lavoir ; on consultera encore la situation de la mare, le nom qu'elle
porte, l'abornement des champs voisins. L'art. 643
est ici complétement inapplicable.

123. Il ne faut pas confondre avec la mare le
vivier, bassin fermé dans lequel on met du poisson après la pêche pour l'y prendre facilement;
ce poisson, comme celui de l'étang, appartient au
propriétaire du fonds; il est considéré comme
meuble, tandis que celui de ce dernier est im-
meuble par destination (1).

124. — *Fossés.* Les fossés pourront aussi, quant
à leur propriété, donner lieu à des difficultés, qu'à
défaut de titres l'inspection des lieux permettra
seule de résoudre. S'il s'agit de fossés séparant
deux héritages, la présomption est en faveur de
la mitoyenneté (2), qui entraîne pour les deux
propriétaires des charges et des avantages com-
muns (3). Cette présomption légale doit céder devant un titre contraire (4), devant les signes ap-

---

(1) Code civil, art. 524.
(2) Art. 666, Code civil.
(3) Daviel, 854.
(4) Art. 666, C. civ., *in fine.*

parents de la propriété d'un seul riverain, tels que des bornes et le rejet des terres sorties du fossé (1). La mitoyenneté elle-même peut cesser par l'abandon qu'en fait un propriétaire, par la suppression partielle que chaque riverain peut en faire, par la prescription que l'un d'eux aurait acquise en relevant à lui seul les bords du fossé, en en opérant le curage depuis trente ans (2). Quand le fossé de clôture est la propriété d'un seul, il peut le supprimer complétement. Les fossés qui entourent les forêts du gouvernement appartiennent en général aux riverains; ceux des routes sont considérés comme leur accessoire (3).

125. En général, pour les fossés, il faut appliquer la règle *is fecit cui proderat* (4), et la maxime *qui a douve a fossé*, sauf titres et marques du contraire (5). Le long des fossés se trouve une marge dont la largeur est différente d'après les coutumes; elle est prescriptible, mais presque tous les faits pourront être considérés comme de pure tolérance, et la possession utile pourra rarement s'y appliquer (6).

---

(1) Art. 668, C. civ.
(2) Pardessus, servitudes, nᵒ 183.
(3) Loi du 12 mai 1825.
(4) Daviel, 849.
(5) Loisel, Inst., cont., liv. 2, tit. 3, n. 7.
(6) Daviel, 860.

Les fossés dont les eaux ne sont pas pérennes prennent, suivant leur abondance, le nom de torrent ou celui de rû ; le sol qu'ils occupent appartient aux riverains (1).

126. *Égouts.* — *Cloaques.* — Les eaux, souvent considérées comme une richesse, sont quelquefois regardées comme une gêne. Nous avons vu l'article 640 créer pour le propriétaire supérieur le droit imprescriptible de les déverser sur les héritages inférieurs, pourvu qu'elles y découlent naturellement, et sans que le fait de l'homme y ait contribué; ces deux conditions s'opposent à ce qu'il puisse, sans titre ou prescription contraire, y envoyer les eaux qui tombent goutte à goutte de son toit, et celles qui sont recueillies dans des chéneaux(2). De là est venue la présomption qui attribue à la propriété bâtie le terrain qui se trouve sous le larmier.

Les eaux ménagères et autres sont aussi d'une grande incommodité : des conduits recouverts d'ouvrages en maçonnerie, qui ont reçu le nom d'égout, des fosses profondes, appelées cloaques, sont destinés à les envoyer au loin ou à les recevoir. Les premiers peuvent se présenter sous la forme d'une servitude d'aqueduc ou même d'un fossé dont

------

(1) Proudhon, domaine public, n. 1000.
(2) Art. 681, Code civil.

celui qui s'en sert est propriétaire. On appliquera
ici ce que nous avons dit plus haut, en observant
toutefois qu'ici il s'agit de servitude discontinue,
car le fait de l'homme est indispensable à son
exercice , en sorte que la prescription ne saurait
s'y appliquer; mais, en général, ce sont là des
établissements publics soumis à certaines mesures
de police toutes spéciales.

Quant aux cloaques, à cause des infiltrations
malsaines dont ils peuvent être la cause , ils doivent être établis à deux mètres de la ligne séparative des deux héritages (1) ; et si, malgré cette
distance, des infiltrations se produisaient, le propriétaire devrait faire les travaux nécessaires
pour y remédier, dût-il supprimer le cloaque. Il
en serait de même si ces dérivations infectaient
les eaux d'un puits , quand même celui-ci aurait
été établi postérieurement au cloaque. On ne saurait prescrire contre ces dispositions , qui sont
d'ordre public.

---

(1) Art. 674 , Code civil.

CHAPITRE III.

EAUX SOUTERRAINES.

127. Quelquefois, non content de recueillir les eaux à la surface de la terre, l'homme va les chercher jusque dans ses profondeurs; ici nous trouvons l'application du principe que la propriété du sol entraîne la propriété du dessus et du dessous (1). Il en résulte que chacun peut, au moyen de fouilles, s'emparer des eaux qui, sous la surface de son fonds, se frayent un passage souterrain, et y établir des puits (2). Mais ici, tout est caché pour l'homme, et la possession ne saurait s'établir par des faits assez constants pour pouvoir mener à la prescription, en sorte que le propriétaire d'une source, fût-ce même une commune, ne pourrait se plaindre de travaux qui viendraient rompre des conduits d'eau souterrains qu'il n'a jamais possédés, et qu'il n'a, par conséquent, pu prescrire (3).

(1) Art. 552, Code civil.

(2) Cœpella, de servit., tract. 2, cap. 4, n. 57.

(3) Cœpella, de servit., tract. 2, cap. 4, n. 58; loi 21, ff., de aqua et aquæ pluv. arcend.

Il en est de même pour les puits : le propriétaire d'un puits ne peut empêcher un voisin d'en faire un plus profond et d'y attirer toutes les eaux (1), et, malgré une proposition faite en 1837 à la chambre des pairs, il faudrait étendre la même règle aux eaux thermales. Cependant, si des travaux de nature à interrompre les voies d'eau souterraines avaient été commencés, et qu'ils eussent cessé à partir de la demande du propriétaire sourcier, la prescription courrait à partir de cette époque.

Mais il peut même se faire qu'un voisin ait le droit de s'opposer aux travaux de cette nature , en vertu d'un titre ; ainsi, les propriétaires peuvent s'engager vis-à-vis les uns des autres à ne pas faire de travaux pouvant empêcher les eaux d'arriver à leur source naturelle (2); il en serait de même en cas de vente du fonds où sortent les eaux, par un propriétaire voisin , et en cas de partage ; car les principes sur la garantie ne permettent ni au vendeur ni au copartageant de nuire à leur cessionnaire quel que soit, du reste, l'endroit où ils fassent leurs fouilles (3). Les puits doivent être creusés à 2 mètres de la ligne séparative des deux héritages (4) ; quelquefois

---

(1) Camus, sur l'art. 191 de la coutume de Paris, n. 11.
(2) Daviel, 894 ter.
(3) Aix, 7 mai 1835 ; Daviel, 898.
(4) Art. 674, Code civil.

propriété indivise entre plusieurs voisins ou affectée d'une servitude de puisage au profit de l'un d'eux, ils donnent lieu, en l'absence de titres, à des difficultés sérieuses que les tribunaux devront décider d'après les faits. Des réservoirs souterrains sont quelquefois ménagés pour les eaux pluviales; il ne faut pas les confondre avec les puits, quoique les règles prescrites pour ces derniers leur soient applicables ; ils ont reçu le nom de citernes.

POSITIONS.

DROIT ROMAIN.

I. Le droit de dériver l'eau d'un aqueduc public ne peut être établi qu'en vertu d'une concession impériale (1. 1, § 42, au Digeste, *de aqua quotidiana et æstiva; nec obstat* la loi 4, au Code, *de aquæductu*).

II. La création de l'interdit Salvien a précédé celle de l'action Servienne.

III. Dans l'ancien droit, le possesseur de bonne foi faisait irrévocablement les fruits siens par la perception.

IV. Le possesseur d'une chose héréditaire, qui n'a obtenu la possession que postérieurement à la *litis contestatio* d'une instance engagée entre lui et l'héritier, est néanmoins obligé de la restituer en vertu de la condamnation qui intervient contre lui.

DROIT FRANÇAIS.

I. Les rivières non navigables ni flottables appartiennent à l'État.

II. Les travaux à partir desquels court la prescription en vertu de l'art. 642 peuvent être faits sur les deux fonds.

III. Le deuxième alinéa de 1561 modifie la doctrine de 1560-1°.

IV. La séparation des patrimoines n'empêche pas la division des dettes, conformément à 1220.

V. Le légataire universel saisi aux termes de l'art. 106 n'est pas tenu des dettes *ultra vires*.

DROIT CRIMINEL.

I. L'ivresse involontaire et non habituelle est seule une cause d'excuse.

II. L'auteur principal d'un crime mis en cause avec ses complices ayant été déclaré non coupable ceux-ci peuvent néanmoins être condamnés.

DROIT DES GENS.

I. La mer n'est pas susceptible de devenir la propriété d'un seul peuple.

II. La course n'est pas une institution légitime.

HISTOIRE DU DROIT.

I. La communauté légale a des origines multiples, mais l'origine germaine prédomine.

Vu par le Doyen, Président de la thèse,

C. A. PELLAT.

Permis d'imprimer,

Le Recteur de l'Académie de la Seine,

CAYX.

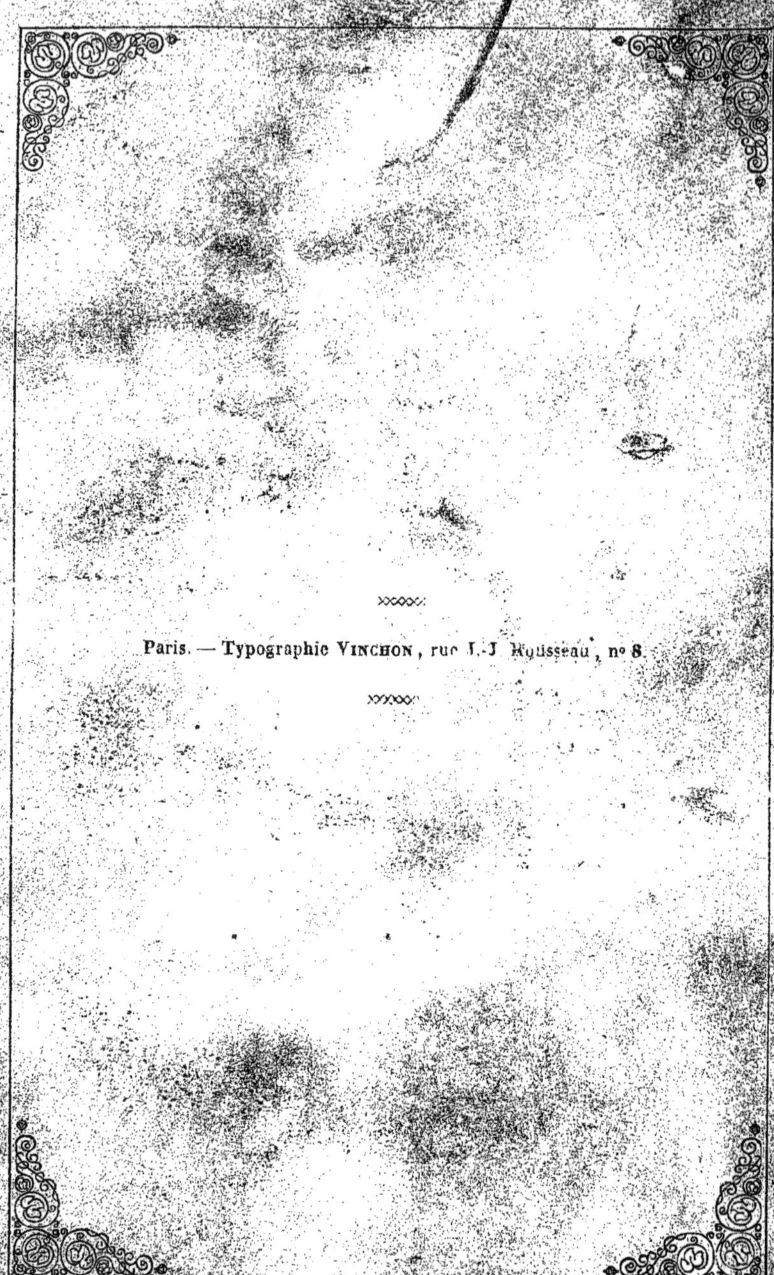

Paris. — Typographie VINCHON, rue J.-J. Rousseau, n° 8.